FILS D'HLM

Eddie Jacquemart

ISBN : 978-2-493049-15-5

À Marie, Edith, Edwige, Renée,
Maguy et tant d'autres...

Introduction

Ce livre est un appel à la mobilisation des habitants.

Je l'ai écrit en pensant à ma mère, à toutes ces mamans seules qui, comme elle, doivent assurer coûte que coûte la survie de leur foyer. Pour tous ces locataires qui ont souvent l'impression d'être des citoyens de deuxième zone. Pour tous ces ménages désœuvrés, en attente d'un logement et de pouvoir vivre dignement.

À tous, je veux montrer qu'ils ont leur place dans le combat des locataires.

J'ai rédigé ces pages comme un militant du logement. Mes propos ne sont pas exhaustifs. Ils dressent le récit des moments-clés de mon parcours de vie et montrent comment les HLM m'ont tout d'abord préservé puis permis de devenir l'homme engagé que je suis aujourd'hui.

Au fil des chapitres, je me suis employé à décrypter l'évolution du monde HLM au cours des 30 dernières années et tout particulièrement du dernier quinquennat, à ouvrir également quelques pistes pour régénérer le militantisme locataire.

Pourquoi ? Parce que le début d'année 2022 nous a offert un florilège de propos et discours d'une violence inouïe à l'égard des quartiers populaires ; Eric Zemmour, Marine Le Pen, la droite courant après l'extrême droite pour en finir avec la mixité sociale, opposer les salariés pauvres aux prestataires des allocations, les bénéficiaires du RSA aux migrants…

Dans la guerre aux plus vulnérables, la Macronie n'est pas en reste. La France des « premiers de cordée » ne propose pas seulement la célébration des nantis et des performants, elle envoie une fin de non-recevoir à tous les autres.

Mauvais temps pour les plus fragiles, les petits, les sans-emploi, licenciés, déclassés, vite oubliés et invisibilisés. Mauvais temps pour les habitants des banlieues et des zones périurbaines, des usagers des logements sociaux dont le HLM est devenu le dernier rempart contre la précarité et l'isolement social. Mauvais temps pour les étrangers, les racisés qui trop souvent sont confrontés à la double peine de l'exclusion raciale et sociale.

Mauvais temps pour la solidarité, l'entraide, la recherche de l'action collective. Tout est fait pour nous persuader que face à l'accumulation des difficultés et des inégalités, rien ne sert de lutter. Il vaudrait mieux faire le dos rond et attendre des jours meilleurs.

Je pense au contraire que la mobilisation paye.

Enfant, j'ai vu ma mère faire grève avec ses collègues des Nouvelles Galeries pour ses droits sociaux alors qu'elle était seule à faire bouillir la marmite.

Elle n'était pas à proprement parler une militante, mais elle n'acceptait pas l'injustice.

C'est sa détermination qui m'a conduit adulte à mener la lutte dans mon HLM et à rejoindre la CNL dont je suis devenu depuis le président.

Aujourd'hui, les chiffres parlent d'eux-mêmes : 70 % des Français sont éligibles au logement social, 2,3 millions sont en attente d'un HLM, 4 millions sont non ou mal logés. Jusqu'à quand le déni de la part de nos gouvernants ?

Difficile de ne pas faire le lien entre la panne démocratique que connaît notre pays, la montée de l'extrême-droite et la situation faite aux habitants des quartiers populaires.

On en parle ? On agit ?

Chapitre 1

Fils d'HLM

Je suis né le 23 avril 1964 à Dunkerque à la clinique du Chapeau Rouge, à 200 mètres de la statue de Jean Bart. J'éprouve toujours une certaine fierté à pouvoir marquer ma filiation avec cette ville portuaire du Nord. Sans doute parce que c'est une ville courage qui a su en tout temps rester debout. Sans doute également parce que sa situation entre la mer du Nord et les chantiers industriels ont forgé durablement mon caractère.

Mon père était docker, ma mère a exercé plusieurs métiers parmi lesquels commerçante, femme de chambre, femme de ménage… En réalité, elle est le maillon fort de la famille, mon repère.

Il est toujours difficile d'évoquer voire de s'appesantir sur son enfance et son adolescence. Encore plus quand on cherche à y décrypter les éléments qui ont pu déterminer vos choix de vie. Des images restent rivées dans mon esprit, beaucoup me renvoient à des moments fugaces, parfois à des couleurs ou des parfums. Je me souviens ainsi de nos différents déménagements ou de nos vacances sur la plage de Malo-les-Bains juste derrière là où nous habitions.

Je dois avoir 4 ou 5 ans quand nous nous installons dans un deux pièces, avec salle de bain. Les toilettes sont à l'extérieur. Je dors dans la même pièce que mes sœurs tandis que mes parents ont leur chambre qui fait office, durant la journée, de salon avec ses chaises matelassées.

J'ai 7 ans et je commence à lire quand maman est engagée à l'Hôtel des Arcades, le « trois étoiles » du centre-ville de Dunkerque. L'établissement n'existe plus aujourd'hui. Dans mes souvenirs, il reste une bâtisse construite après-guerre, en brique rouge, qui accueillait des touristes comme des artistes en tournée. C'est comme ça que notre fratrie obtient les autographes de Jacques Brel, Sim ou Jacques Martin… La fille du directeur s'était prise d'amitié pour nous. Je la revois garer sa mini-Austin rouge devant la maison. Elle vient nous apporter entre autres, des 45 tours des Beatles, de Nancy Sinatra – qu'elle n'écoute plus –, des vêtements à la mode qu'elle a arrêté de porter et que mes sœurs s'empressent de revêtir. Ma mère nous rapporte aussi des croissants que les clients n'ont pas mangé, encore presque chauds. Mon père est rarement à la maison, souvent au travail. Le foyer s'organise déjà sans lui. Je me rappelle que nous avons une cuisinière à charbon. Quand elle rentre de sa nuit de travail, ma mère la remplit pour que le logis soit chauffé à notre lever, avant qu'elle ne se repose quelques heures. Il m'arrive de l'accompagner quand elle va payer le loyer chez le propriétaire, nous rangeons ensuite la quittance dans une boîte en fer.

Nous sommes une famille ouvrière comme tant d'autres. Le port permet à mon père de bien gagner son mois. Être docker lui confère un statut social et lui assure une stabilité d'emploi et une sécurité de revenus. Quand il part le matin travailler, il dit parfois à ma mère qu'il va « à la piqûre. » Je mets un certain temps à comprendre qu'il ne parle pas de soin médical mais de la caisse d'intermittence des dockers. Un droit gagné de haute lutte. Comme tous ses camarades, il est CGTiste, conscient de la dureté du travail qu'il exerce. C'est un métier où l'espérance de vie est restée longtemps inférieure de 10 ans à la moyenne. Mon père est mort à 53 ans d'un cancer certainement lié à l'exposition à l'amiante. Il a subi plusieurs accidents sur les chantiers. Je l'ai peu connu. Même devenu adulte, nos rencontres restaient rares. Mais chaque fois que je lis les études réalisées sur la pénibilité des métiers du port, j'ai une pensée pour lui.

Rupture de vie

J'ai 9 ans quand nous quittons le foyer familial pour fuir un mari et un papa violent. À la maison, la situation est devenue tendue, très tendue. Même si ma mère et mes sœurs déploient une multitude d'efforts pour me protéger et me tenir loin des brimades, vexations et prises à partie que mon père exerce à leur encontre, je sais qu'il se passe quelque chose de grave.

Du jour au lendemain nous devenons une famille monoparentale. Comment est-ce que je vis cette situation ? Je crois ne m'être jamais posé la question. Je reste le petit dernier choyé par mes aînées, Edith et Edwige ainsi que par ma mère. Je le suis resté même si à l'âge adulte je suis devenu « le référant » de cette famille, tentant de rendre aux miens toute l'attention et l'amour dont j'avais fait l'objet.

Nous prenons un logement en urgence avenue Kléber actant notre départ définitif. Après quoi nous apprenons progressivement à vivre à quatre. Je me découvre même des tantes et une grand-mère maternelle que jusqu'alors je n'avais jamais rencontrées.

La vie se réorganise petit à petit. Nous nous serrons les coudes les uns les autres. Ma mère continue à travailler, encore plus qu'auparavant. Mes sœurs cherchent également à rentrer sur le marché de l'emploi. Pas les moyens de perdre du temps… Quant à ma grand-mère et à son mari élu municipal, ils nous aident à postuler puis à trouver un logement social au Glacis entre Dunkerque et Malo-les-Bains.

C'est ainsi que pour la première fois de ma vie, je peux avoir ma chambre. Mais ce logement et ces murs nous offrent bien plus : ils nous mettent à l'abri et nous aident à retrouver un peu de sécurité, financière d'abord mais également physique.

C'est une époque où l'on peut encore trouver du travail facilement. Ma mère peut arrêter son métier de femme de chambre et dégoter immédiatement un emploi de femme de ménage aux Nouvelles Galeries, ce qui lui permet de ne plus travailler de nuit. Pour ma part, je me retrouve dans un environnement inconnu mais ami. Au Glacis, les populations se côtoient et se mélangent. Je croise le cadre ingénieur père de famille nombreuse, déjà en surloyer, comme l'instituteur du rez-de-chaussée ou encore la concierge de l'escalier d'à côté puisque n'existent encore ni interphone ni digicode. Les portes en bois restent ouvertes le jour comme la nuit. Je ne vis pas le cloisonnement, mais bien son contraire. Le logement social n'a pas connu les cures de pénurie budgétaire : on construit encore massivement des HLM conçus par des architectes qui entendent révolutionner la ville et promouvoir une véritable mixité sociale.

Fin des années 1970, ma mère débraye avec les filles des Nouvelles Galeries. Leur grève dure pendant trois semaines. Je dois avoir 12 ou 13 ans et je n'ai jamais été confronté à une lutte sociale, encore moins à une lutte dure comme celle-ci. Trois semaines sans salaire avec la peur au ventre du lendemain, c'est long et difficile à supporter sans faillir. Mais la famille fait corps autour de ma mère. Cette mobilisation constitue un déclic pour moi. Je vois ces femmes opiniâtres qui, convaincues de la justesse de leurs revendications, ne lâchent rien. Elles deviennent un modèle pour moi.

Devenu adolescent, je commence à avoir envie de voyager. Ma grand-mère me propose pour les vacances d'été de partir en colo en Allemagne avec l'association France/RDA. J'ai bien conscience aujourd'hui de parler d'un temps que les moins de 20 ans n'entrevoient même pas. La RDA n'existe plus depuis plus de 30 ans. Quant à l'accompagnement des familles, l'accès à l'éducation populaire, les réseaux militants et municipaux pour les départs en vacances, eux aussi se sont bien étiolés… Ces souvenirs appartiennent à une époque qui n'est plus. Reste que ce voyage en Allemagne est indissociablement lié à mes 15 ans et à l'autonomie que je suis en train d'acquérir.

J'étais un petit garçon plutôt dodu et un peu refermé sur lui-même, je deviens un jeune homme qui a envie d'apprendre et de voyager. Le bac technique en poche, je me destine au commerce. Ma mère intervient pour que je choisisse une autre orientation. Elle refuse de me retrouver vendeur dans un rayon de grand magasin. Je choisis alors la comptabilité. J'ai accès à une chambre universitaire que je peux payer avec ma bourse d'étude. Je sais que je n'ai pas droit à l'erreur et que je ne dois pas perdre de temps. À l'université de Valenciennes, j'obtiens un DUT gestion des entreprises et administration et je décide d'aller jusqu'à l'expertise comptable.

À 20 ans, je peux quitter le logement maternel. Ma mère, qui ne m'a plus à charge, perd l'allocation logement et est obligée de déménager dans la grande tour de Dunkerque où elle percevra désormais l'APL. Très vite de mon côté, je prends un appartement et commence à voler de mes propres ailes.

Chapitre 2

Mes années d'apprentissage à la CNL

J'arrive à Lille en 1988, après mon service militaire. J'ai en poche le Diplôme d'études comptables et financières (DECF) de l'époque, un CV, et déjà une expérience professionnelle. Je sais que je trouverai sans problème un cabinet qui m'accueillera comme expert-comptable stagiaire.

Dans l'attente de trouver un premier loyer, je me fais héberger par-ci par-là chez des potes. Je postule également pour obtenir un logement social. C'est ainsi qu'au bout de quelques mois, je m'installe, sentier du Curé à Hellemmes, à trois stations de métro de Lille. J'avoue que j'aurais préféré habiter le centre-ville que la banlieue. Je peste un peu en me disant que mes faibles revenus me relèguent à la périphérie de la ville, mais je sais aussi que touchant l'APL, je vais pouvoir m'en sortir avec un loyer dérisoire la première année. Je gagne ainsi, pas-à-pas mon indépendance. Combien de jeunes n'ont plus cette possibilité aujourd'hui ?

J'habite une petite résidence d'une centaine de logements, gérée alors par la « Société Lille et Environs », un petit organisme, aujourd'hui fusionné avec le groupe Vilogia. Tout se passe bien jusqu'au jour où la porte du parking du souterrain se bloque – ce qui est problématique pour les véhicules comme pour les habitants. Un mois passe sans que ne nous soit apportée une solution tangible. Un voisin lance alors l'idée de se réunir et de se constituer en association pour agir ensemble. Une petite dynamique se crée, mais malheureusement nous n'obtenons pas gain de cause.

« C'est là que je suis né CNL »

Nous sommes au milieu des années 1990. La fin du deuxième mandat de François Mitterrand se déroule dans une cohabitation avec une droite de plus en plus revancharde. L'hiver précédant, lycéens et étudiants se sont mobilisés contre le SMIC jeunes (CIP), scandant dans les rues qu'ils ne veulent pas être mis en concurrence et piquer le boulot de leurs parents. Des mouvements sociaux grandissent comme à Air France. Depuis quelques temps déjà, j'ai envie de m'engager en politique. Si le sujet n'a jamais fait partie des discussions familiales, j'ai toujours su où allaient les préférences et les amitiés de ma mère, de sa sœur et de mes grands-parents. J'ai bien compris que nous faisions partie du camp des travailleurs, « des petits ». J'appelle donc la fédération PCF du Nord et le hasard veut que la secrétaire fédérale, Annick Mattighello décroche le téléphone. C'est ainsi que je deviens adhérent du PCF en pleine campagne des européennes de 1994. Je fais mes premiers pas de militant communiste au côté de Jacques Vintaer, mon secrétaire de cellule qui devient très vite une référence pour moi. Je me souviens tout particulièrement de ma première action avec lui pour préserver une petite usine du quartier « la fonderie Dieu ». Le combat politique me stimule.

Ce détour n'est pas anodin car ce nouvel engagement va déterminer la suite de mon parcours. Participant aux réunions de cellules (quartiers) du PCF, au cours de l'une d'entre elles, je fais état du problème de notre HLM et de notre difficulté à le régler. Les « camarades » me renvoient aux associations de locataires. Plusieurs évoquent la CNL dont ils sont adhérents.

Ni une, ni deux, j'appelle la CLCV puis la CNL pour discuter avec elles, bien décidé ensuite à rendre compte de ces échanges dans notre assemblée générale de locataires. Pourquoi la dernière emporte-t-elle ma préférence ? Sûrement parce qu'elle est celle qui me paraît la plus militante. Ensuite, c'est le président de la fédération du Nord qui répond. Je le trouve très bavard mais il sait rapidement me conseiller, orienter ma démarche.

Ces souvenirs, je les évoque dans leur chronologie. Il est vrai que j'ai rejoint le PCF avant de prendre ma carte à la CNL. J'ai en revanche toujours dissocié les deux engagements et défendu l'indépendance du mouvement locataire vis-à-vis des partis politiques. Je n'ignore pas que notre association a, étant donné son ancrage dans les luttes ouvrières et sociales du XXe siècle, entretenu des liens avec la gauche communiste. Il est évident que de nombreux militants de la CNL ont aussi été des résistants, des militants anticolonialistes, des syndicalistes, que parfois leurs expériences des quartiers en a fait des élus locaux attachés à faire grandir le droit des locataires… Mais il serait faux et injuste de réduire la CNL à un satellite du PCF, comme certains ne se sont pas privés de le faire, surtout par le passé.

Nous avons dans nos rangs des adhérents de tous horizons, même si la grande majorité reste de gauche. Il n'y a pas besoin d'avoir une carte en poche pour devenir un militant locataire. Plus encore, la CNL a toujours eu une autonomie de décision et d'action vis-à-vis du PCF comme de toute autre force politique et sociale.

Lors de l'AG suivante de notre association, je propose de nous affilier à la CNL. L'asso est connue, a bonne réputation. Le vote est favorable à l'adhésion. Nous élisons un président de l'amicale. Moi-même, qui ai l'habitude des chiffres, me vois échoir le rôle de trésorier.

Les moments qui suivent sont intenses pour moi ; par les actions menées et les victoires obtenues, par les rencontres que j'ai faites et les amitiés que j'ai nouées. Même plus de 25 ans après, mon émotion reste intacte.

Je fais d'abord la connaissance de Maguy Cachia. J'habite le 1er, elle le 4e. Elle est une dame à l'apparence très précieuse, qu'au départ je n'imagine pas en militante « féroce ». C'est pourtant ce qu'elle va se révéler être. Un jour, elle me fait part de sa disponibilité pour aider un peu notre « amicale » et me démontre rapidement combien les apparences peuvent s'avérer trompeuses. Elle devient élue des locataires au conseil d'administration de notre organisme HLM, et s'impose comme l'une des chevilles ouvrières de notre collectif militant. Le soir, de retour du travail, j'écris sur mon ordinateur un projet de tract que le lendemain, très tôt, je glisse dans sa boîte aux lettres. Elle prend le relais, assurant les photocopies puis la distribution.

Notre énergie doit être communicative, car peu à peu, la petite résidence entre dans l'action. Nous entamons alors le blocage des loyers du parking. Au lieu de donner l'argent au bailleur, nous le plaçons sur un compte spécial. Au bout de quelques mois, nous gagnons – obtenons même ! – le remboursement des sommes prélevées par le bailleur alors que la porte était hors d'usage. Nous nous attaquons ensuite au contrôle des charges, passant chaque soir les chiffres en revue, demandant les factures des dépenses et arrachons le remboursement des sommes non justifiées.

Derrière l'usine de textile qui jouxte notre immeuble, se tient une autre résidence « Les Abeilles » où est également constituée une « amicale » initiée par Renée Morel, salariée du Printemps, CGTiste et communiste. Très vite elle devient à son tour un visage familier. Maguy, elle et moi allons constituer une équipe gagnante. Plus que de la camaraderie, nous sommes liés par une amitié sans faille qui ne se démentira jamais. Quelques années après, lorsque je deviens président de la fédération CNL du Nord, c'est d'ailleurs d'abord vers elles que je me tourne : Maguy devient vice-présidente tandis que Renée s'occupera de la trésorerie.

Je suis volontairement long ici parce que c'est là, sur cette fin de décennie 1990 que je suis né CNL. J'ai vécu tout ce que le militantisme peut générer d'enthousiasme. J'ai vu comment il peut révéler chez chacun d'entre nous des capacités que nous ne soupçonnions pas et les mobiliser pour aller chercher une victoire qui paraissait hors d'atteinte. Des Maguy, des Renée, des Eddie, je suis sûr qu'il en existe aujourd'hui dans chaque cage d'escalier qui sous d'autres noms, d'autres visages, ont aussi leur propre histoire. Je leur souhaite seulement de vivre l'expérience que j'ai vécue à la résidence des Jardins.

Militant et responsable CNL

Ma rencontre impromptue avec Jacquy Tiset (le président de la CNL du Nord) lors de ma prise de contact avec les associations de locataires n'est pas restée lettre morte. Il m'a repéré. À la tête d'une importante fédération CNL du pays, il est à la recherche de nouveaux militants. Il voit dans mon travail d'expert-comptable dans une grande association de parents et amis de personnes en situation de handicap, « Les Papillons Blancs », deux qualités qui vont rarement de pair: l'esprit d'entraide et la rigueur budgétaire. Mon profil atypique l'intéresse et il est sensible au fait que je privilégie l'engagement CNL sur un mandat syndical ou politique.

Professeur d'histoire-géographie, il a lui-même rejoint l'association au milieu des années 1970 quand elle a commencé à transformer ses pratiques et ses revendications pour faire de la participation des habitants, le cœur de la vie de l'organisation. Il devient pour moi une sorte de « père CNL ». Il l'est resté. Le côtoyant, je découvre un homme ouvert, curieux de tout, d'une culture inouïe, maîtrisant sur le bout des doigts l'histoire sociale et politique de notre pays.

C'est lui qui me propose de devenir trésorier de la fédération CNL du Nord avant de lui succéder à la présidence. Ces activités, je les exerce en tant que bénévole, en plus de mon travail puisque je reste salarié de mon association. Cela exige de moi un maximum de rigueur pour arriver à tout couvrir et laisse peu de place pour d'autres activités. Cela m'incite aussi à développer une expertise en matière d'analyse et de suivi des dossiers, des lois. Je participe à des formations militantes là encore en prenant soin de le faire sur mon temps libre. Cette prise de responsabilité me convainc de la nécessité d'instaurer un statut de « l'élu associatif » de manière à lui donner le temps et les moyens d'assurer des tâches qui relèvent de l'intérêt général. Cette revendication est devenue un combat important de la CNL qui défend l'instauration d'un statut des administrateurs locataires sur le modèle des représentants syndicaux. Ceux-là pourraient ainsi disposer de congés rémunérés, de congés de formation, de la prise en charge des frais de garde des enfants afin d'effectuer leur mandat dans de bonnes conditions.

Pour moi, le mouvement s'accélère encore. En 2000 j'entre à la Commission Administrative Nationale (la direction nationale de la CNL) puis, en 2009 je rejoins le Bureau Confédéral ainsi que le Bureau de l'*IUT* (*International Union of Tenants – Union internationale des locataires)*. En 2013 je suis élu président national de la CNL. Je suis alors conscient que mon engagement de locataire a pris un tour que je n'aurais pas imaginé quelques années auparavant.

Chapitre 3

HLM is Money ?

Je rejoins la CNL en 1995 quelques mois avant les grandes manifestations de novembre-décembre. Le climat social est électrique. La ligne de clivage entre la gauche et la droite est encore claire, sur la redistribution des revenus, la réduction de la durée du temps de travail, la retraite par répartition... Par la suite, je serai témoin de l'effacement de certains de ces repères, rencontrerai plusieurs responsables politiques se réclamant de gauche mais m'expliquant « en toute amitié », le besoin de s'adapter à l'économie de marché, à la mondialisation, à la libre concurrence... La conclusion de ces discours sur le réalisme social est toujours la même : c'est plus pour les propriétaires du privé et moins pour le logement social.

Des points d'appuis indéniables pour le logement social

Il n'en a pas toujours été ainsi. La gauche portée au pouvoir en 1981 a été celle des 39h, de la nationalisation des banques et des grands services publics, celle également des libertés des travailleurs dans l'entreprise avec les lois Auroux. Elle a permis aussi de redonner des couleurs au logement social au travers de la loi Quillot de 1982 qui a attribué un statut et des droits aux locataires. Elle a reconnu pour la première fois, le droit fondamental à l'habitat et à ce titre, constitue un socle législatif sur lequel nous continuons à nous appuyer.

Au terme de la même décennie, en 1990, la loi Besson quant à elle instaure des plans départementaux d'action pour le logement des personnes défavorisées dans le but de permettre aux plus démunis d'accéder à un logement décent. Puis, l'année suivante en 1991, la loi d'orientation pour la ville fait obligation aux communes situées dans des agglomérations de plus de 200 000 habitants, de disposer de 20% de logements sociaux sur leur territoire, ouvrant la voie à loi SRU.

Cette fameuse loi SRU est adoptée en 2000 sous le gouvernement Jospin. Initiée par le ministre communiste de l'Équipement, des Transports et du Logement, Jean- Claude Gayssot, elle généralise l'obligation de 20 % de logements sociaux dans les villes de plus de 1 500 habitants en région parisienne et de plus de 3 500 en province.

Au moment de son vote, je viens d'être élu à la présidence de la CNL du Nord et cette loi SRU m'apparaît comme étant une victoire certaine pour tout le mouvement HLM. En offrant plus de logements à loyer modéré, elle renforce la mixité sociale, s'opposant frontalement aux défenseurs de la ghettoïsation des classes populaires.

De plus, avec la création de Conseils de concertation locative (CCL), elle crée une obligation de dialogue entre locataires et bailleurs, ouvrant même la possibilité d'octroyer des moyens financiers aux associations représentatives des habitants, afin que puisse s'exercer la démocratie. Leur montant et modalités d'attribution vont être formalisés par la loi « égalité et citoyenneté » initiée par Emmanuelle Cosse en 2017 qui va constituer une nouvelle avancée pour les droits des habitants. La CNL s'implique fortement dans la consultation préparant l'élaboration du texte. Parmi nos revendications, nous avançons le versement d'une contribution de 3 euros par logement, aux associations des locataires dans le cadre de la concertation locative. Nous nous sommes pour partie entendus, puisque c'est le montant de 2 euros minimum qui est retenu par la loi.

J'ai bien sûr en tête d'autres lois qui contiennent des aspects positifs. Mais souvent leur mise en place les réduit, quand elles ne sont pas détournées à dessein de leurs objectifs premiers.

Prenons par exemple la loi DALO et le droit au logement opposable. Adoptée en 2007, à la suite de la mobilisation des camps de sans-abris le long du canal Saint- Martin, elle entend permettre aux plus démunis (sans-logement, menacés d'expulsion ou mal logés) d'accéder sans délai à un logement, un principe auquel on ne peut que souscrire. Mais son application au seul parc HLM sans une mise en œuvre conjointe dans le privé contribue à paupériser un peu plus le logement social, et cela, au détriment de la mixité sociale. Il aurait fallu mettre à contribution le secteur privé pour rendre plus efficient ce dispositif.

J'éprouve également un sentiment mitigé à l'égard de la loi ALUR (Accès au logement et à un urbanisme rénové) qu'a engagée, sous le quinquennat Hollande, Cécile Duflot, alors ministre du Logement et de l'Égalité des territoires.

Elle comporte bien sûr des points forts qui ont résisté aux attaques, à commencer par le permis de diviser qui va renforcer la lutte contre les logements de moins de 14 m2 et contre les marchands de sommeil. Également l'encadrement des loyers, sujet qui a toujours été au cœur du combat de la CNL. Reste que ce chantier va rapidement être mis à mal.

D'abord par manque de concertation. Les associations de locataires se voient ainsi convoquées la veille de sa présentation en conseil des ministres, se retrouvant de fait dans l'incapacité que soient prises en compte et intégrées les préoccupations des habitants. De plus la ministre semble s'inspirer directement du « Mietspiegel » (miroir des loyers) allemand qui a permis outre-Rhin aux bailleurs et locataires de s'entendre pour fixer les montants de loyer et les limiter. Reste, comme je l'ai fait remarquer à Mme Duflot à l'époque, que ce modèle n'est pas exportable en France. Notre pays ne possède pas de véritable répertoire des loyers, les loyers hexagonaux sont bien plus élevés qu'en Allemagne (24 euros le m^2 contre 10 euros) quant à la pratique de négociation avec les locataires, elle est quasi nulle. Sans compter que le texte ouvre le droit à une série d'exceptions possibles au dispositif, à commencer par les suppléments de loyer que les propriétaires vont saisir, détruisant sa cohérence.

Le résultat est décevant. Boudée par les associations pour les raisons que je viens d'évoquer, la loi ALUR est vécue inversement comme trop contraignante par les propriétaires immobiliers et une partie du gouvernement. Cécile Duflot, qui n'a pas fait le choix de s'appuyer sur les locataires et de s'engager dans un rapport de force avec ses opposants, se retrouve isolée. Je ne la blâme pas. J'ai bien compris qu'elle se sait minoritaire dans une majorité divisée sur le fond. Je regrette cependant qu'elle n'en ait pas appelé à la mobilisation sociale.

Sans surprise, le texte est progressivement vidé de ses articles gênants. Quand Manuel Valls en 2015 devient 1er ministre, au mépris de toute démocratie, il décide de ne maintenir le système d'encadrement des loyers qu'à titre expérimental et pour les métropoles qui en font la demande. Seules Paris et Lille décident de s'engager. Dans le même temps, l'hôte de Matignon fait adopter une série d'incitations fiscales pour relancer l'accès à la propriété privée (loi Pinel).

Quand VGE ouvrait le bal de la libéralisation du logement social

Je ne prétends pas être un spécialiste du logement, mais au fil des années de militantisme, j'apprends à décrypter les politiques du logement social. Les formations initiées par la CNL comme ses brochures me permettent de m'approprier l'histoire du logement social. C'est ainsi en 1912 avec la loi Bonnevay – du nom du président du conseil général du Rhône – qu'est ouverte pour la première fois, la possibilité aux communes et aux départements de créer des offices publics d'habitations à bon marché (HBM), ancêtres des HLM. Je comprends très vite que le combat des locataires n'a jamais été un long fleuve tranquille et de tout temps, certains ont cherché à remettre en cause sa vocation de service public.

On m'évoque souvent la loi de 1977 et la réforme de « l'aide à la pierre ». Au départ, je rencontre des difficultés à comprendre de quoi il s'agit. En fait, cette réforme remet en cause les bases même du logement social par le prisme de son financement. Jusqu'alors, l'État contribuait directement au financement des HLM au travers de ce dispositif. Cette aide à la pierre est donc une subvention à la construction qui permet de réduire le coût de production des immeubles HLM et par conséquent les loyers. Le Premier ministre Barre décide que désormais l'argent public fléché vers la construction, va désormais être orienté vers le locataire pour l'aider à payer son loyer. Le système tout entier est fragilisé d'autant que ce changement vient justifier une hausse des loyers dans le public qui se répercute dans le privé. Je tiens à saluer mes prédécesseurs à la direction de la CNL qui, visionnaires, avaient dénoncé cette réforme qui allait conduire les HLM dans le mur, si je peux me permettre ce jeu de mots…

Les années Valery Giscard d'Estaing pèsent donc lourd dans la mise à mal du logement social, ce que j'aime résumer ainsi : *Macron termine le boulot commencé* par *Giscard.* Même colonne vertébrale libérale, même mépris du peuple, même déstabilisation du monde HLM !

Ces choix de Valery Giscard d'Estaing sont dogmatiques. Pour lui, il faut en finir avec le logement social car il constitue une des antichambres de l'action collective. Il entend lui substituer le modèle de la maison individuelle où l'habitant sera tenu par son crédit. Le sociologue Pierre Bourdieu[1] qui a travaillé sur le sujet parle d'une démarche politique où « *l'objectif est de transformer en propriétaires des catégories sociales jusqu'à là portées sur le logement locatif. Par ce biais on les attache durablement à l'ordre établi et les pousse vers une forme de conservatisme.* »

Raymond Barre est à la manœuvre pour faire passer les réformes. Il va faire de l'accession à la propriété la priorité de la politique du logement. Comme je viens de l'expliquer, la réforme du financement du logement va lui permettre de diminuer l'investissement public. Tandis

1. *Le sens de la propriété. La genèse sociale des systèmes de préférence.* Pierre Bourdieu-Monique de Saint- Martin- Actes de la Recherche de la Recherche en Sciences Sociales-1990. Persée

que l'État se désengage des aides à la pierre, on assiste à une hausse généralisée des loyers qui vont, dans les meilleurs cas, être compensés par des aides personnalisées au logement (APL).

Reste que le pouvoir marque des points. En 1977, 3 Français sur 4 disent aspirer à acquérir leur maison individuelle et la part de production de maisons individuelles représente 57% de la production de logement (le pourcentage a doublé en 10 ans)

Au fil des décennies et des gouvernements, l'asphyxie budgétaire du logement social se poursuit. On peut très bien vivre en HLM, j'en suis le témoin vivant, mais on peut aussi très mal y vivre quand il y a eu cet abandon des politiques publiques. Dans de nombreux endroits, la mixité sociale recule, les populations les plus fragiles sont isolées d'autant qu'on assiste conjointement à un recul des services publics de proximité. Ce n'est plus seulement l'instit qui va déménager pour acheter un petit pavillon, c'est l'école en bas de la cité qui ferme. Ce n'est plus seulement l'ampoule extérieure qui n'est pas remplacée, les aires de jeux qui disparaissent mais également les îlotiers et les animateurs de quartier qui font défaut…

Je parle ici de tendances lourdes. Elles n'effacent ni la solidarité, ni l'entraide, ni le travail des associations de locataires, preuve qu'il ne faut jamais se décourager – même dans une situation difficile – mais avancer ensemble.

L'égalité sociale en panne dans les quartiers

« *Qui sème la misère récolte la tempête* » scandaient les « gilets jaunes » dans les rues du pays en 2018. Nous sommes en 2022 et regardant autour de moi, je me dis que la machine à promouvoir la justice sociale et sociétale comme l'égalité territoriale est paralysée. Que ce soit dans la périphérie des métropoles ou dans celle des grandes villes, le sort réservé aux plus vulnérables est le même : l'abandon, le déclassement, l'isolement.

Et je ne parle même pas des campements de fortune ou des logements d'urgence où l'on parque les exilés et les migrants qui sortent de l'enfer.

Pourtant, dès la fin des années 1970, la politique de la ville entend s'attaquer aux inégalités dans les territoires urbains. Là encore le remède peut s'avérer pire que le mal. En 2003, la loi Borloo, sous couvert de rénovation urbaine, va rapidement se transformer en une succession d'opérations de démolition-reconstruction qui vont rapporter beaucoup d'argent aux promoteurs tandis que dans les quartiers HLM des solidarités sont détruites, des femmes et des hommes sont déplacés – quasi « expropriés » puis relogés – se trouvant de fait déracinés.

Mais on a déplacé la pauvreté, on ne l'a pas combattue. La réforme de la loi en 2012 et la mise en place des « contrats de ville », faute de moyens adaptés, ne changent rien au problème.

D'autant qu'en 2009, le gouvernement Fillon promeut la loi MOLLE (Mobilisation pour le logement et la lutte contre l'exclusion) renommée loi Boutin, qui reste pour moi l'une des pires lois en matière de logement après la loi ELAN. La dame s'est déjà illustrée comme l'une des plus ferventes opposantes au PACS avant de devenir l'une des porte-drapeaux des anti -mariages homosexuels et de la Manif pour tous. Succédant à Jean-Louis Borloo au ministère du Logement et de la Ville, elle déploie toute son énergie à mettre en place un texte qui, à bien des égards, conduit à une ségrégation sociale.

D'abord celui-ci abaisse le seuil de revenu maximum de 10,3% pour avoir le droit d'accéder à un logement social, ce qui signifie que toute une partie des habitants aux revenus intermédiaires vont se retrouver exclus des logements en HLM. D'un coup de baguette magique, Mme Boutin en finit avec le problème des longues listes d'attente de logements sociaux. Plutôt que de construire de nouveaux HLM, la ministre préfère régler la question par le vide en excluant une partie conséquente de ceux qui postulent à un logement social et en s'opposant au principe de mixité.

Elle accentue également le système des surloyers pour les habitants dont les revenus dépassent ce seuil de revenu. Ceux-ci sont justifiés par la progression dans l'échelle salariale du locataire, pourtant déjà soumis à une hausse de ses impôts sur le revenu. Pour lui la disposition constitue une double peine.

À cette première disposition s'ajoute la remise en cause du principe de maintien dans les lieux. Désormais, au terme de 3 ans d'application de surloyer, le locataire peut aussi être expulsé par le bailleur. Même si dans la réalité, cette mesure a peu ou pas été mise en œuvre, son principe est acté.

Dans l'esprit de la ministre, il s'agit d'instaurer un turnover et de favoriser une libération plus rapide des logements sociaux qui sont appelés à ne plus constituer qu'une étape transitoire du parcours de l'habitant.

Mme Boutin pousse même la logique jusqu'à vouloir ponctionner les réserves financières des organismes HLM qu'elle qualifie de « dodus dormants ». Une idée qui a dû inspirer Emmanuel Macron puisque reprise dans le système de « Réduction de loyer de solidarité (RLS) » mis en place en 2018 et que je commenterai plus loin dans le livre.

Je ne voudrais pas finir ce chapitre sans évoquer face à ce déni d'égalité, la mobilisation continue des élus de proximité aux côtés des associations de locataires.

Je pense à « l'appel de Grigny », lancé en 2017 par des maires en gestion de quartiers prioritaires et des associations de quartier, pour demander au gouvernement de reculer sur les restrictions budgétaires programmées en 2018. Il va constituer un important coup de pied dans la fourmilière. Les mêmes élus en novembre 2021 ont réitéré l'urgence d'agir et proposé la création un conseil national des solutions à apporter dans les quartiers. Est-ce que la nomination d'Olivier Klein, ancien président de l'ANRU, au ministère de la Ville et du Logement donnera une impulsion positive à la question ? L'avenir nous le dira.

Je veux encore rendre hommage à tous ces maires qui ont eu le courage de prendre des arrêtés anti -expulsions et à se mettre hors-la-loi. Bien souvent leur engagement a fait bouger les lignes obligeant les propriétaires à anticiper les situations.

La pandémie est passée par là. Mais il est une chose certaine que montre ce mouvement : c'est qu'il ne peut y avoir de contrat républicain sans égalité territoriale. Et le compte n'y est toujours pas !

Chapitre 4

5 ans de bombardements massifs contre le logement social

La « déferlante Macron » commence dès son élection. L'été 2017 n'a pas débuté que le nouveau président de la République envoie un signal fort aux habitants : la baisse de 5 euros par mois des aides au logement dès octobre 2017. La mesure est avant tout symbolique et à caractère politique. Le chef de l'État s'en prend ainsi à ceux qu'ils désignent comme des « assistés », cherchant à les opposer aux salariés pauvres et précaires.

Comme dans le même temps, l'Élysée supprime l'ISF (25 milliards d'euros si on se réfère aux chiffres de 2016 et 2017), la manœuvre fait pschitt et le nouveau Président de la République apparaît d'abord comme le farouche défenseur des privilégiés, méritant très vite le surnom de « Robin des Bois des riches » dont nous l'affublons.

Dès les premières semaines, je comprends qu'avec Emmanuel Macron le problème en matière de logement social n'est pas seulement un changement de méthode, mais de logiciel. Nous nous retrouvons face à une entreprise de déstabilisation du monde HLM qui va prendre forme étape après étape.

Après les locataires, le gouvernement s'en prend aux organismes sociaux qu'il entend ponctionner au travers du dispositif de réduction du loyer de solidarité (RLS). Tout a été savamment calculé jusqu'au terme « solidarité », lequel cache en réalité une diminution de recettes pour les bailleurs sociaux. Le pouvoir les oblige à baisser les loyers d'environ 50 euros pour les locataires qui perçoivent l'APL, ce qui permet à l'État d'économiser un montant équivalent d'APL. L'opération est ainsi neutre sur la quittance du locataire bénéficiaire de l'APL, mais très impactante pour les budgets des organismes HLM. Sur la durée, ce mécanisme aura des répercussions sur le quotidien des habitudes en termes de plan d'entretien ou de rénovation des immeubles ainsi que de niveau d'investissement.

La 1re annonce de cette « ponction » avoisine 2 milliards d'euros qui seront ramenés à 1,3 milliard d'euros à la suite de la mobilisation des acteurs du logement social.

Le gouvernement communique qu'il œuvre pour que les ménages ne soient pas touchés par l'économie réalisée. En d'autres termes, il tente de nous faire croire qu'il s'agit là d'une mesure de justice sociale. Il n'y a évidemment rien de solidaire ou de juste dans cette pratique, sauf à considérer que la solidarité devrait se faire entre les populations les plus modestes. Pourtant la démarche créée le doute dans l'esprit de certains locataires des HLM qui pensaient – et certains le pensent encore – que l'État a fait baisser les loyers. Je ne sais pas s'il faut parler de démagogie ou de perversité. Pour la CNL, cette nouvelle attaque prouve que le logement social tout entier est maintenant sur la sellette, en danger. La mobilisation générale est décrétée.

Le congrès de l'USH de Strasbourg programmé fin septembre débute alors qu'entre le monde HLM et le chef de l'État, la guerre est déclarée.

Quand nos élus arrivent en Alsace, tous savent déjà que les journées qui vont suivre seront agitées. C'est Julien Denormandie, secrétaire d'État auprès du ministre de la Cohésion des territoires, qui représente le gouvernement. Il fera preuve d'ailleurs d'une ténacité à toute épreuve, ce qui lui vaudra sûrement d'être nommé ministre de la Ville et du Logement en 2018, pour services rendus.

Comme le veut l'usage, nous faisons une demande de rencontre en bilatérale pour lui exprimer nos griefs et nos propositions. Il accepte de nous recevoir. Je me souviens très bien qu'il nous invite à échanger dans une petite salle, à l'étage du gymnase où se déroule le congrès, tandis que les délégués poursuivent leurs travaux dans l'amphithéâtre du bas. Je suis accompagné de Didier Pavageau, alors administrateur trésorier de la confédération et de Jocelyne Herbinski, responsable du Pôle Habitat. Le rendez-vous est calé juste avant l'intervention du ministre. De fait, il ne s'éternise pas. Quand nous sortons de la pièce, Julien Denormandie nous salue puis se hâte de rejoindre la tribune. Il vient à peine de s'engager sur l'escalier qui surplombe la salle que je commence à entendre la clameur en train de s'amplifier dans les rangs des délégués. Les quolibets se mettent à grouiller, des interpellations fusent d'un peu partout, des banderoles émergent dans les travées. L'effervescence gagne tout l'amphithéâtre. Je vois Michel

Mus, président de la CNL 84, sortir une corne de brune ; côté bailleurs, les troupes s'agitent également car eux non plus ne veulent pas être en reste. De mémoire de militant, jamais je n'ai vu une telle ambiance…

Cette démonstration de force est d'autant plus impressionnante qu'elle est unitaire. Pour l'USH comme pour les locataires la coupe est pleine. Il est temps d'agir ! Alain Cacheux, disparu depuis, mais alors président de la fédération des OPH, est pour partie à la manœuvre. Je connais bien l'homme car il est nordiste comme moi. Ancien député, ayant également présidé la commission quartiers de l'USH, il est un militant dans l'âme et du coup nous nous comprenons vite. C'est pourquoi il va s'appuyer prioritairement sur la CNL qui se retrouve aux avant-postes de cette insurrection du monde HLM.

Il est bien sûr hors de question que nous nous laissions ainsi attaquer sans réagir. C'est donc un congrès qui n'entend pas rendre les armes qui se met à huer Julien Denormandie dès qu'il commence à parler. J'aperçois nos élus vent débout, tendre des sifflets aux bailleurs tout aussi déchaînés. Le chahut se poursuit puis, conformément à la stratégie que nous avons bâtie avec les offices, au bout de vingt minutes, eux comme nous quittons la salle, laissant le ministre devant des premiers rangs vides.

Ces journées forment l'un de mes souvenirs les plus forts de mes mandats de président de la CNL. Elles marquent le début d'un véritable mouvement de résistance des acteurs du logement social car le pilonnage financier entrepris avec l'APL et la RLS ne constitue que les préliminaires d'une restructuration profonde du secteur qui va encore se préciser avec la loi ELAN.

La loi ELAN, un « élan » vers la privatisation

Après le congrès de l'USH, le débat se tend encore un peu plus avec le début du débat sur la loi de finances 2018 puis le projet de loi 2018 dite « Évolution du Logement et Aménagement numérique » (ELAN). La mobilisation s'amplifie jusque devant l'Assemblée nationale où nous déployons toutes nos forces. Les offices sont également aux avant-postes avec Jean-Louis Dumont le président de l'USH qui n'a lésiné sur aucun effort pour battre le rappel des troupes et affréter un maximum de bus.

En quelques mois, la cohérence de la politique Macron a pris forme et nous comprenons vite que la partie qui se joue ici, va peser de manière conséquente sur l'avenir du logement social. Après la baisse des APL et la RLS, le pouvoir décide de se désengager entièrement du Fonds national d'aide à la pierre qui ne sera plus alimenté que par la cotisation des bailleurs. Le gouvernement entend les acculer à trouver de nouveaux financements dont la cession d'une partie du parc HLM. Cette possibilité existait déjà mais l'objectif est rehaussé à 40 000 ventes annuelles, un chiffre considérable si on tient compte du rythme de construction, environ 80 000 logements par an. De plus, la loi ELAN offre un cadre législatif à la démarche d'un État qui veut s'attaquer durablement aux 20 milliards d'euros de loyers administrés.

Que les choses soient claires ici, je ne suis pas opposé au fait que des locataires aspirent à devenir propriétaires. Ils ont des moyens pour y parvenir comme passer par le parc privé ou bénéficier du dispositif d'accession sociale à la propriété. Favoriser l'achat d'un logement HLM entre dans une autre logique : elle conduit à marchandiser une part de ce qui relève du bien commun, et également à un changement de statut de l'habitant désormais copropriétaire. C'est bien cette logique de bradage du parc public que je combats…

La loi ELAN pousse à la concentration des organismes de logement comme cela a lieu dans tous les services publics : la poste, l'hôpital, l'école… Les organismes de petite taille sont appelés à fusionner à l'échelle intercommunale ou à intégrer des groupes. Ce choix conduit à éloigner les bailleurs sociaux de leurs collectivités de tutelle et des besoins des habitants, qui se trouvent privés d'interlocuteurs et mis à distance des lieux de décision. De plus cette concentration se solde aussi par une réduction du nombre de représentants des locataires puisque même après un regroupement de plusieurs bailleurs, le nombre d'administrateurs locataires ne varie pas. Le déni de démocratie est manifeste.

La CNL décide d'une riposte à la hauteur de l'attaque. Nous investissons toutes les tribunes ou groupes de travail qui nous sont ouverts pour faire entendre le point de vue des locataires. Ils sont rares car le pouvoir joue le passage en force au mépris de tout espace de débat. Néanmoins, nous participons à la « conférence de consensus sur le logement », pilotée par le Sénat qui, voyant le mécontentement enfler, s'est mis d'accord avec le gouvernement pour organiser une concertation très cadrée.

Puis nous éditons un petit livret bleu, compilation de toutes les propositions alternatives faites lors de ces rencontres, « Pour résoudre la crise du logement, on ne demande pas la lune, on a la solution ! » où est avancé un plan logement poursuivant l'objectif d'éradiquer le mal-logement en France. Parmi les propositions phares défendues : l'interdiction de la vente HLM, le relèvement des plafonds d'accès au logement locatif social ainsi que le besoin de renforcer la mixité sociale…

Au terme de ce bras de fer nous obtenons quelques concessions de l'État. D'abord la RLS est revue. De 2 milliards elle est réévaluée à 1,3 milliard. Ensuite nous obtenons la création de sociétés anonymes de coordination (SAC) qui vont constituer un regroupement alternatif à la fusion des organismes. Le seuil de fusion est quant à lui fixé à 12 000 logements contre 15 000 prévus initialement. Ces reculs me font regretter doublement le fait qu'au fil des semaines, l'unité associations de locataires/ USH se soit étiolée. Les bailleurs doivent composer avec un gouvernement qui sait manier la carotte et le bâton, sait jouer du chantage aux moyens. Ils nous lâchent. Je reste convaincu que si nous avions su maintenir un front de tous les acteurs du logement, nous aurions pu enregistrer plus de reculs du gouvernement.

La financiarisation du logement social « en marche »

Cette dernière remarque n'est pas gratuite. Ce pouvoir auquel nous nous heurtons est en train de détricoter le modèle HLM français, amortisseur de la crise du logement. Nous lui répondons que « l*e HLM n'est pas le problème, c'est la solution !* » Cette situation appelle la mobilisation la plus large. Cela d'autant que le mouvement de financiarisation du logement social est mondial, et que les locataires et les bailleurs ont toutes les raisons de conjuguer leurs efforts.

Siégeant comme président de la CNL au bureau de l'Union Internationale des Locataires (International Union of Tenants- IUT) je peux observer à l'échelle de l'Europe les hausses du prix de l'immobilier et la faiblesse de l'investissement public dans la construction de logements au regard des évolutions démographiques. Les chiffres sont sans appel. En Europe, 82 millions de ménages sont confrontés à des difficultés pour financer leur loyer, 54 millions sont dans la précarité énergétique.

Quand en janvier 2022, la France accède à la présidence du Conseil de l'Union européenne, nous décidons, avec l'ensemble des associations de locataires de l'IUT, d'interpeler Emmanuel Macron pour lui demander de prendre en compte la crise alarmante du logement.

Un rapport sur l'accès à un logement décent et abordable pour tous, porté notamment par l'eurodéputée française Leila Chaïbi, et que la CNL et l'IUT ont largement inspiré, a été adopté en décembre 2020.

De plus, l'Allemagne sort de plusieurs mois de manifestations massives dans sa capitale, Berlin, comme dans d'autres grandes villes (Stuttgart, Cologne…) contre la flambée des loyers et la pression immobilière imposée par les gros bailleurs privés. Les Berlinois, après une campagne de pétitions massives, ont arraché l'organisation d'un référendum local autour de la demande « d'expropriation des grandes sociétés immobilières (Deustche Vohnen, Vonovia…) possédant plus de 3000 appartements et la municipalisation des logements. » Le OUI l'a emporté à 52%. S'il n'est pas contraignant, il montre l'évolution du rapport de force outre-Rhin.

Le moment nous semble propice pour exiger que l'UE agisse pour le logement abordable notamment au travers du Green Deal (« pacte vert ») concernant les rénovations énergétiques. Le but bien sûr était de pousser à ce que celui-ci intègre une dimension sociale et de lutte contre la précarité énergétique qui concerne 35 millions de personnes dans l'UE.

Avec l'IUT et Housing Europe Euro Cities[2] nous travaillons à une déclaration commune à l'attention de la présidence française et ministres européens du logement réunis à Nice les 7 et 8 mars 2022. Nous y développons l'urgence de se doter de moyens institutionnels et financiers élargis pour lutter contre le sans-abrisme et le fardeau du prix du logement en Europe. Celle de maintenir un équilibre entre la rénovation du parc immobilier et le logement abordable. Enfin, nous demandons que le nouveau « Bauhaus » européen (nouveau projet culturel européen concernant les futurs modes de vie) intègre la crise du logement abordable comme nouvel axe de travail et co-élabore avec les habitants un nouveau vivre-ensemble.

La démarche connaît un certain écho. Mais les 27 ministres du Logement adoptent une déclaration pour la forme appelant à mieux coordonner leurs efforts, rappelant l'enjeu de la rénovation énergétique, de la lutte contre le sans-abrisme… mais renvoyant les solutions à chacun des pays.

Au moins les choses sont claires. L'heure est à la lutte.

---

2. Housing Europe est la Fédération européenne du logement public coopératif et social. Elle représente depuis 1998, 46 fédérations et 43 000 acteurs du logement dans 25 pays qui réunis gèrent 25 millions de logements soit environ 11% des logements existant en Europe.
Eurocities est un réseau de grandes villes européennes fondé en 1985 notamment à Barcelone, Birmingham, Francfort, Lyon, Milan et Rotterdam.

Chapitre 5

Macron saison 2 : mêmes problèmes, mêmes solutions

Alors que j'écris ce livre, l'Assemblée nationale vient d'adopter la loi « pouvoir d'achat[3] ». La guerre en Ukraine et deux ans de pandémie ont eu raison du « quoiqu'il en coûte ». J'ai longtemps pensé qu'à un moment ou un autre nous serions collectivement assignés à un impôt « Macron » destiné à rembourser avec intérêts, l'effort national déployé durant le COVID. Nous y voilà…

Reste que le début de ce deuxième mandat intervient dans une France qui va mal, détériorée sur les plans social et démocratique. En panne de majorité absolue au parlement et face à la colère populaire qui ne se dément pas, les marges de manœuvre du pouvoir ont rétréci. D'autant que l'inflation galopante exacerbe encore la situation.

3. Adoptée en juillet 2022

Pouvoir d'achat : une loi en trompe-l'œil

J'attendais avec intérêt le contenu de la loi « pouvoir d'achat ». Premier projet de loi de la nouvelle mandature, il allait donner le la. Bien sûr je n'avais pas la naïveté de croire que le « Robin des bois des riches » du premier mandat allait maintenant devenir celui des quartiers populaires. Mais j'espérais quelques gestes qui permettraient aux habitants de respirer. Quand j'ai entendu Bruno Lemaire présenter son « bouclier logement », j'ai vite compris que non content de nous asséner un nouveau coup de massue, le gouvernement tentait une nouvelle fois de nous berner. Le « plafonnement de la hausse des loyers à 3,5 % jusqu'en 2023 » du ministre de l'Économie ouvre en fait le droit aux propriétaires de procéder à une hausse des loyers allant jusqu'à 3, 5%. Tout l'art ou plutôt la supercherie de Bercy consiste à vendre aux locataires comme une mesure de soutien des ménages ce qui va s'avérer être une charge supplémentaire.

En effet cette hausse de 3,5 % correspond à l'évolution annuelle des loyers prévue selon l'Indice de référence des loyers (IRL) que la revalorisation des aides au logement ne compensera pas systématiquement. Un locataire ayant un loyer de 600 euros devra, par exemple, payer 20 euros de loyer de plus chaque mois, une hausse qui ne sera pas couverte par l'augmentation de son APL s'il en perçoit.

Pour les habitants des HLM elle signifiera même une augmentation sans concertation des loyers de 7% en deux ans à compter de 2023. La honte absolue !

La mesure n'est pas isolée puisque toute la philosophie de la loi est la même. Comme pour les APL, la revalorisation de 4% des retraites comme des prestations sociales est en deçà de l'inflation tandis que le gouvernement reste sourd à la revendication d'augmentation des salaires. Une manière à peine camouflée d'affaiblir notre modèle redistributif en s'attaquant au budget de la Sécurité sociale à la protection sociale et donc par ricochet aux services publics.

Les juristes de la CNL ont également attiré mon attention sur l'article 11 concernant la protection des consommateurs. Il vient modifier le Code de l'énergie, permettant aux gestionnaires de réseaux de transport de gaz naturel d'interrompre l'énergie pour préserver le fonctionnement des réseaux lorsque celui-ci est menacé de manière grave.

La préconisation ici est d'opérer des coupures d'énergie dans des quartiers d'habitations mais aussi sur des services (hôpitaux, écoles, etc.) J'ai tout de suite réalisé quels usages pourraient en être faits, dès cet hiver.

Une sobriété énergétique aux accents de guerre anti-pauvres

C'est le 14 juillet 2022 que le président Macron a décrété l'urgence d'entrer dans une logique de sobriété énergétique et fixé l'objectif de réduire nos dépenses de 10% à l'horizon 2024. Je ne discute pas de la pertinence du sujet. L'explosion des températures de l'été a constitué malheureusement la meilleure illustration des rapports du GIEC (groupe d'experts intergouvernemental sur l'évolution du climat).

Dans la foulée de l'allocution présidentielle, j'ai demandé à participer pour la CNL au groupe de travail « habitat » de la consultation nationale sur les enjeux de la sobriété énergétique dans le logement, rassemblant les acteurs du secteur et destiné à débattre des arbitrages nécessaires pour réduire la consommation d'énergie dans le logement et contenir les factures des habitants. Je rappelle que le bâtiment représente 20% des émissions de gaz à effet de serre et qu'il y a un enjeu tout particulier à légiférer.

C'était la première fois depuis leur nomination que je me retrouve en présence de la ministre de la Transition écologique, Agnès Pannier-Runacher et du ministre de la Ville et du Logement, Olivier Klein. La réunion a une valeur de test-match. Je suis tout particulièrement curieux de savoir comment le maire de Clichy, un homme qui connaît les quartiers populaires va se comporter.

Celui-ci évoque la sobriété énergétique comme « une démarche individuelle à l'échelle du logement, des travaux du bâtiment, des économies d'énergie avec les bailleurs et les syndics de propriété et du quartier en partenariat avec les collectivités ». Nous sommes d'emblée en désaccord sur ce point. Pour moi la démarche mérite de devenir citoyenne et ne peut omettre les habitants. Elle implique des arbitrages politiques de fond. Sensibiliser les quartiers aux gestes écocitoyens est utile et la CNL poursuivra ses campagnes sur les économies d'énergie ou le tri des déchets... Mais la pédagogie ne sera possible que si la démarche s'inscrit dans une logique de justice sociale et climatique. Cette ambition est désespérément absente de la réunion.

Les débats portent ensuite sur les solutions à mettre en œuvre pour faire face à l'urgence. Sont avancés le principe de plafonner la température à 19°C, unilatéralement dans les logements collectifs et des coupures aléatoires et arbitraires d'électricité dans les quartiers populaires comme je le pressentais après avoir eu écho de l'article 11 de la loi « pouvoir d'achat ».

Comment rester calme face à de telles dispositions ? J'ai face à moi, des interlocuteurs polis, au discours lisse. Qui nous expliquent que, « dans les HLM le chauffage sera bloqué à 19°C, la bonne température » et que pour les personnes malades ou âgées, « le recours à un chauffage d'appoint n'est pas interdit ». Autrement dit un surcoût à payer. Les bailleurs émus font savoir qu'ils n'assumeront pas la responsabilité de tels choix. Sur mon fauteuil, je trépigne, conscient que la guerre contre les pauvres a bien repris.

Quand je sors des échanges, j'ai le sentiment que pour certains cercles de pouvoir la notion d'égalité de droits est bien restrictive. Tout au moins qu'elle s'arrête à l'entrée des quartiers populaires…

Un soutien sans faille aux réels profiteurs

Promulguer des lois est pourtant possible pour protéger les populations de l'inflation. Prenez « la taxe superprofits », les partis de gauche et les écologistes, ont décidé de se mobiliser pour que cette proposition soit débattue au Parlement. Le gouvernement n'y étant pas favorable, ils entendent l'imposer au travers de l'organisation d'un référendum d'initiative partagée (RIP). Pour que son principe soit entériné, celui-ci doit être soutenu par 20% des députés et sénateurs ainsi que 10% du corps électoral, soient soit 4,7 millions de Français. Cela semble très ambitieux mais la pression dans l'opinion est telle que la 1re ministre Elisabeth Borne ne peut plus rejeter unilatéralement l'éventualité d'une telle mesure.

D'autant que la Grande-Bretagne, l'Italie, l'Espagne et même l'Allemagne ont décidé de s'attaquer aux bénéfices des entreprises du secteur de l'énergie qui ont profité de la crise. Partout le mouvement pour une répartition plus juste des richesses gagne de la force, dépassant les clivages politiques traditionnels. Le débat n'est plus seulement économique et social, il devient éthique. Comment en effet demander encore aux salariés et aux habitants de consentir à céder une part de leurs revenus alors que les entreprises du CAC 40 n'ont jamais gagné autant d'argent ? 81,3 milliards d'euros au 1er semestre en hausse de 34 % sur la dernière année. Total, Engie, Stellantis fusion Peugeot-Citroën et de Fiat-Chrysler ou encore LVMH viennent une nouvelle fois de réaliser des bénéfices historiques par rapport au premier semestre 2021. « 6,5 milliards pour LVMH, 8 milliards pour Stellantis, 5 milliards pour Engie ».[4] Le débat est à ce point tendu et le rapport de force aiguisé que Total, qui a multiplié par 3 ses bénéfices en un an, a dû consentir fin juin 2022 à faire une remise allant jusqu'à 20 centimes par litre. Ce geste « généreux » reste toutefois à relativiser face aux presque 19 milliards que le groupe a engrangé sur un an !

Interpellé par certains députés demandant au gouvernement des mesures plus contraignantes vis-à-vis de la finance, le ministre de l'Économie, Bruno Le Maire a répondu cet été qu'il ne fallait pas tomber dans le « *réflexe pavlovien de la taxe* ». Pour préserver les marges de manœuvre de profits de ses amis financiers, il a rejeté le principe de blocage des loyers, de blocage des prix des produits de première nécessité comme celui d'une hausse du SMIC.

En matière de déréglementation de l'électricité et du gaz, le gouvernement va même plus loin. Il parle « renationalisation » d'EDF mais en réalité les 9,7 milliards d'euros d'argent public ainsi engrangés ne vont pas servir ni à lutter contre la précarité énergétique ni à rénover les logements énergivores, mais à rendre l'entreprise plus performante et plus compétitive face à ses concurrents internationaux.

---

4. Mathieu Dejean. *Taxer les superprofits : le débat imposé par la gauche ressurgit*. 29 juillet 2022.

Mais pour quels résultats ? Quand on regarde la situation chez nos voisins, on voit vite la dangerosité d'une telle stratégie. En Espagne, trois entreprises aujourd'hui privées représentent 70% du marché, ce qui a amené à une augmentation de 87% du prix de l'électricité sur les 15 dernières années. En Allemagne, 14% à 26% des ménages sont en situation de précarité énergétique. Voilà pourquoi la CNL ne sépare pas son combat pour le logement et une véritable « sobriété énergétique » de la reconstruction d'un véritable pôle public de l'énergie.

Ce débat engagé au Parlement et qui doit s'achever à l'automne mérite de faire l'objet d'une grande concertation populaire. Sinon, une fois encore, les salariés du secteur comme les usagers n'auront accès qu'à l'épilogue de ce mauvais feuilleton : confrontés à la mise à mal de leur statut pour les premiers et à l'explosion de leur facture d'électricité ou pire aux coupures pour les seconds.

Mobilisation toute !

Chapitre 6

La guerre contre les loyers chers est déclarée

Au printemps 2022, la CNL a édité une carte-pétition adressée au président de la République pour exiger le blocage des loyers. La mesure n'est pas neuve… C'est même autour de l'exigence d'un moratoire sur les loyers que s'est créée « l'Union confédérale des locataires de France et des colonies », mère de notre organisation en 1916.

Ce qui devrait interpeller est qu'un siècle après, la lutte contre les loyers chers continue à constituer en France comme en Europe le combat phare des locataires. Avec une augmentation moyenne des prix de + 154 % depuis 2000 – quand celle des revenus plafonne à + 18 % –, cette lutte n'est pas près de s'arrêter.

Le phénomène vient creuser les écarts entre les différentes catégories sociales et entre les générations, accablant davantage les jeunes et les ruraux.

La marchandisation du secteur a conduit à faire du logement une charge, et non plus un droit. Il est plus que temps de changer de logique.

La mobilisation générale pour le blocage des loyers est décrétée.

Sur les 100 milliards du plan de relance national consécutif à la pandémie, à peine 500 millions d'euros ont été fléchés en direction du logement, quasi exclusivement vers la rénovation énergétique. Le secteur HLM, je l'ai déjà évoqué, est volontairement déstructuré.

Cette situation n'est plus tenable. « Il faut en finir avec l'abondance », nous a lancé Emmanuel Macron en guise d'appel à la rentrée. Derrière le cynisme, il y a surtout une méconnaissance totale de notre société. Pour en finir avec l'abondance, il faudrait qu'il y ait eu prospérité. Dans les quartiers, il y a bien longtemps qu'on vit le temps des restrictions… Le président en est-il seulement conscient ? Depuis sa nomination au ministère de la Ville et du Logement en juin, je lis et écoute Olivier Klein qui multiplie des déclarations de bonnes intentions sur la mixité, les habitants... Dans une interview récente, il a affirmé l'urgence de renforcer le parc HLM jusqu'à expliquer qu'il faut changer de politique d'aide à la pierre. Va-t-il réengager l'État dans le logement social ? Et prendre des mesures contraignantes face à l'explosion des prix ?

La CNL va conduire la bataille pour le blocage des loyers dans la durée et en faire une exigence qui fédère les cités et les quartiers. Cette dernière pose l'urgence de sortir de la frénésie du marché locatif et remet le droit du locataire au centre de la définition des politiques du logement. D'autres propositions participent de la même logique comme la fin des surloyers et l'abrogation du dispositif dit « troisième ligne » institutionnalisé par Christine Boutin (article 119 de la loi Molle) et qui permet au bailleur de facturer au locataire sur une durée de 15 ans une partie de l'investissement engagé pour la rénovation thermique.

Depuis 2017, nous sommes également engagés pour que l'État rendent aux habitants les 5 euros d'APL qui leur ont été ponctionnés chaque mois au total plus de 1,3 milliard. Quand l'annonce est tombée, je me rappelle très bien que le siège de notre association était en effervescence. Nous avons tout de suite perçu la portée de la mesure. Très vite a été convoquée une réunion de crise, où nous avons rédigé en cinq minutes le texte d'une carte-pétition destinée à nos fédérations. En quelques jours, elle a été signée par des dizaines de milliers d'habitants. Ce combat n'est pas symbolique. Aujourd'hui l'argent qui a été amputé aux locataires pourrait financer et couvrir la revalorisation des aides au logement au niveau de l'inflation ainsi que le relèvement immédiat de leur plafond de 10 % en 2022, pour atteindre les 30% à l'horizon 2027.

D'autres moyens existent pour lutter contre la cherté des loyers du logement. Je pense par exemple aux sommes bloquées sur des comptes inactifs et que l'État récupère au bout de dix ans. Elles représentent une niche potentielle de 6,8 milliards d'euros dont une partie pourrait revenir aux habitants. De même, il existe 471 niches fiscales en France représentant un coût cumulé d'environ 91 milliards d'euros. L'immobilier locatif est un des secteurs qui en use le plus. Je le répète souvent d'ailleurs : Tant que le logement sera présent sur les présentoirs de banque sous forme de dépliants pour des placements défiscalisés, on n'en sortira pas. Il est temps de supprimer ces niches et d'utiliser une partie de l'argent qu'elles détournent pour renforcer les HLM. Ouvrons un grand débat sur ce qui est socialement productif et écologiquement utile pour notre société : argument contre argument ! Pour ma part je suis prêt.

Élargir l'encadrement des loyers

Je voudrais m'attarder un instant également sur l'encadrement des loyers. Le sujet est très présent ces derniers mois dans l'actualité. La mesure conçue pour limiter les loyers excessifs, concerne le parc locatif et reste le moyen le plus abouti pour maintenir des classes populaires et moyennes dans les métropoles. La CNL, est favorable à sa généralisation dans tout le pays ainsi qu'à l'octroi de moyens financiers pour la création d'une agence nationale de l'encadrement des loyers et de ses déclinaisons qui suivra sa mise en place et validera l'efficacité du dispositif en y associant les locataires. Sans eux, il n'y aura pas de victoire possible.

Car ne nous masquons pas les yeux, de tout temps cette disposition a eu ses détracteurs mais à force de luttes, les habitants l'ont imposée. Mise en place sous la Révolution française, la taxation des loyers a permis à l'État d'interdire aux propriétaires de dépasser un certain seuil de prix pour la location de leur bien. Le système se poursuit et se pérennise de 1915 à 1989. Il renaît au travers de la loi ALUR en 2013, puis en 2018 avec la loi Elan qui le rétablit dans les zones tendues (demande forte donc pression immobilière) et à titre expérimental, comme je l'ai déjà expliqué. Enfin la loi 3DS consolide le principe en janvier dernier pour permettre à un quarteron de métropoles et de grandes agglomérations (EPT) d'en bénéficier parmi lesquelles Paris, Lille, Lyon, Villeurbanne, Montpellier ainsi que des établissements publics territoriaux (EPT) comme Plaine Commune et Est Ensemble, en Île-de-France.

L'application de cet encadrement des loyers appelle un suivi de chaque instant. En décembre dernier, le journal Le Monde menant une enquête sur le sujet parle de *« 37 % des annonces à Paris et plus de 40 % à Plaine Commune et Est Ensemble »* présentant encore des loyers abusifs. Parmi eux, 75% des studios sont hors-la-loi. C'est la raison pour laquelle la ville de Paris, au travers de l'engagement de l'adjoint au logement Ian Brossat, s'est battue avec constance pour obtenir la compétence du suivi de la mise en œuvre de la disposition jusqu'à alors assurée par la préfecture. Elle l'a obtenue en juin dernier. L'élu parle de 25% des logements qu'il s'agit de contrôler et de sanctionner en cas de non-respect.

Moi-même conseiller municipal de Lille, je comprends la détermination de la ville à sanctionner face aux propriétaires fraudeurs afin qu'ils ne se sentent pas impunis. La condamnation, en mai dernier dans la capitale nordiste d'un propriétaire à 9000 euros d'amende pour dépassement de loyer de référence a constitué une jurisprudence qui m'apparaît importante.

Je ne peux pas non plus passer sous silence les mobilisations qui sont menées au Pays basque. Avec d'une part la demande de la Communauté d'agglomération portée par le maire de Bayonne, Jean-René Etchegaray, d'intégrer le dispositif d'encadrement des loyers et de l'autre la lutte menée par les mêmes élus et de nombreux citoyens pour arracher une réglementation anti-Airbnb et pouvoir stopper la spéculation immobilière sur le littoral (+130% des locations de meublés de tourisme depuis 2016). Un arrêté anti-Airbnb pris en début d'année a été suspendu le 3 juin dernier par le tribunal administratif, comme cela a été d'ailleurs le cas à Barcelone. De nombreuses manifestations de riposte à cette décision ont jalonné l'été et un recours a été déposé qui va être examiné en Conseil d'État fin 2023. Une première ordonnance a été rendue le 16 septembre qui met fin à la mesure de suspension de l'exécution de la décision de la Communauté d'agglomération du grand Bayonne. Autant dire que le mouvement se poursuit.

Construire !

Quand on m'interroge sur le meilleur moyen d'encadrer les loyers, je réponds (un brin provocateur) : « le système capitaliste et la libre concurrence sont nos meilleurs alliés ». Il suffit en effet de construire, le marché fera le reste puisqu'en élargissant le parc locatif (notamment dans les agglomérations à forte densité de population) on va diminuer la pression du marché immobilier, augmenter l'offre abordable et faire diminuer le prix des loyers.

En 2021, au congrès de l'USH à Bordeaux, la ministre du Logement du gouvernement Castex, Emmanuelle Wargon avançait le chiffre de 250 000 nouvelles constructions sur 2 ans devant un parterre moitié-médusé, moitié-perplexe. Nous avons vu ce qu'il en a été : autour de 95 000 agréments délivrés en 2021 de 80 000 à 85 000 livraisons. On est passé de la construction de 124 226 logements sociaux en 2018 à moins de 100 000 en 2021.

Je soutiens la proposition de la CNL d'inscrire dans la loi l'objectif de construire 250 000 logements sociaux par an sur la durée du quinquennat afin de répondre à l'ensemble des besoins. Au total donc 1, 25 million de logements supplémentaires qui répondent à l'urgence de prendre en compte les publics les plus en difficulté voire en rupture. Ce plan massif de construction de logements sociaux reviendrait à un budget d'un milliard d'euros par an pour financer l'aide à la pierre, l'aide financière publique à la construction ou à la réhabilitation de logements à loyer abordable. Il permettrait aussi de relancer l'économie par la création d'emplois, particulièrement dans le secteur du bâtiment.

Le choix a été fait de porter le budget de la défense à 2% du PIB d'ici à 2025 pour contribuer notamment à la modernisation des équipements. Je ne débattrai pas de la pertinence ou pas de cet arbitrage, sauf pour souligner que si la France peut soutenir un tel effort pour protéger ses populations face à l'adversité, elle doit consentir un effort au moins égal pour préserver l'intégrité physique et morale de ces mêmes femmes et hommes. L'effort de construction est tombé à 1,6% du PIB de la France en 2020. Le rétablir à 2% avec un investissement de 15 milliards d'euros assumé par le reversement de la totalité de la collecte du livret A à la Caisse des Dépôts serait pertinent.

Je vais parler d'écologie dans le chapitre qui suit. J'ai bien conscience d'insister ici fortement sur la nécessité de bâtir. Mais mon propos ne fait abstraction ni de l'environnement urbain des HLM, ni du rapport des locataires à la nature, ni des matériaux de construction, ni même de la nécessité de rénover plutôt que de détruire pour faire fonctionner à plein les promoteurs immobiliers.

Cela exige de reprendre la main sur le marché, notamment en intégrant au processus de concertation les habitants. La CNL propose la création des réserves foncières ainsi que pour les communes la possibilité de mettre en place « une charte des promoteurs » qui encadrerait le prix du m^2 du foncier bâti, de définir le taux de logement social par programme et de garantir la qualité du bâti. Ce n'est rien d'autre que le principe d'un service public du logement que je défends.

Chapitre 7

Instaurer le droit des locataires à l'écologie

Nous sommes au début des années 2000, quand la section de Montreuil crée une exposition, intitulée « La Maison économe ». L'ambition est de sensibiliser les habitants aux écogestes et aux économies d'énergie. La démarche trouve très vite son public. L'expo circule dans les locaux de la CNL, dans de nombreuses communes, des écoles où elle passionne aussi les tout petits qui apprennent à faire des économies d'eau avec les adaptateurs de robinet ou encore à réduire les dépenses d'énergie en retirant les emballages en carton des yaourts avant de les ranger dans les frigos. Le soir, ils expliqueront à leurs parents la nécessité de débrancher leurs portables.

Je vais chercher volontairement ce souvenir pour montrer qu'il y a déjà longtemps que nous intégrons dans notre activité d'association de consommateurs, les questions écologiques. Dès 1946, l'Union confédérale des locataires de France et des colonies a fait place à la Confédération nationale des locataires et des usagers du gaz et de l'électricité pour marquer cette préoccupation de prendre en charge la consommation et l'environnement de l'habitant.

Sans doute n'avons-nous pas toujours su les mettre suffisamment en avant. Comme beaucoup d'organisations issues des luttes sociales du début du XXe siècle, nous avons tendance à traiter séparément les questions sociale, démocratique et écologique et à prioriser la première sur les deux autres. Reste qu'aujourd'hui il nous faut les lier comme les habitants eux-mêmes le font.

« Fin de mois, fin du monde ». Jamais le slogan n'a été aussi approprié qu'en cette rentrée 2022. Après 33 jours de canicule, les familles croulent maintenant sous le poids de l'inflation. Pourtant c'est à elles que le pouvoir demande de faire œuvre de sobriété quand Bernard Arnaud continue à prendre son jet privé pour faire ses courses, et que 100 grandes entreprises sont responsables de plus de 70% des émissions de gaz à effet de serre…

Cela commence à m'exaspérer de voir nos gouvernants agir comme si le réchauffement climatique allait se régler par la somme de gestes individuels et de bonnes intentions, alors que nous avons besoin d'une intervention publique, planifiée et continue. Contraignante également car sinon certains continueront en tout quiétude à payer leur droit à polluer tandis que d'autres devront se contenter de passoires thermiques, avec fenêtres sur le périphérique.

L'urgence de s'attaquer à la transition énergétique

Parmi les droits du locataire à revendiquer, celui à l'écologie est sûrement l'un des plus urgents.

À l'automne 2021, la CNL a réalisé une enquête auprès des habitants pour déterminer leurs attentes prioritaires et élaborer une plate-forme propositionnelle à soumettre aux candidats aux élections présidentielles et législatives. Dans les réponses apportées au questionnaire, l'environnement a été plébiscité, à commencer par l'objectif de réduction de consommation d'énergie.

Avec 5,2 millions de passoires énergétiques et un quart de la population qui déclare rencontrer des difficultés à se chauffer, la rénovation énergétique est affichée comme l'un des grands travaux du quinquennat. Pourtant, fin juillet, j'ai appris en lisant Le Parisien le report pour la deuxième fois de l'obligation d'imposer un audit énergétique lors de la vente des passoires thermiques. Selon toute probabilité, il devrait être effectif avant le printemps 2023. Plus que quelques mois à attendre me direz-vous… Mais ce sont des mois inutilement perdus et qui surtout trouvent leur justification dans ce seul motif : éviter de créer « un couac » avec les propriétaires en leur imposant une contrainte de plus.

La loi ELAN de 2018 s'est fixé l'objectif de rendre obligatoire la rénovation de l'ensemble des passoires énergétiques à l'horizon 2040. Depuis fin août, le gouvernement a ainsi mis en place le gel des loyers sur les logements au diagnostic F et G. De même, à compter du 1er janvier 2023, nous rentrons dans un calendrier qui conduira à l'interdiction de la location d'appartements ou maisons, considérés comme indécents. En janvier 2023 seront concernés les biens classés G puis en janvier 2025 les biens classés F et janvier 2034 pour les biens classés E. Soit 12 ans pour en finir avec les logements énergivores au moment où la terre brûle, et autant pour trouver des solutions de remplacement pour les habitants qui vivent dans des passoires thermiques. C'est bien le marché qu'on sauve, pas la planète !

La situation appelle des réponses plus rapides et plus radicales, des sanctions qui obligent les propriétaires ou bailleurs pollueurs à agir sans attendre. La CNL exige d'abord le retrait immédiat des logements indécents et insalubres du marché et préconise la confiscation des loyers et des charges par la Caisse des Dépôts tant que les travaux de rénovation ne seront pas engagés. Elle propose aussi l'ajout d'un malus sur la taxe foncière des propriétaires qui ne respectent pas les travaux de rénovation énergétique. Aujourd'hui, les habitants de passoires thermiques ne verront pas leur loyer augmenter, certes. Mais ils explosera leur facture de gaz et d'électricité exploser. C'est pourquoi de telles mesures sont nécessaires pour les protéger. Nous voulons donner la priorité à l'isolation des passoires thermiques jusqu'à imposer la classification A ou B une fois les travaux réalisés. D'autant que l'objectif de zéro carbone à l'horizon 2050 va de pair ici avec l'exigence de justice sociale : la baisse significative de la consommation énergétique des logements favorisera la diminution de la facture énergétique.

Mes voyages en Europe et ma présence à l'IUT me permettent aussi d'avoir accès à d'autres expériences de mobilisation des habitants. Certaines pistes me semblent utiles à explorer.

En matière de transition énergétique ou de rénovation thermique, nos voisins sont souvent plus avancés que nous, certains pays ayant fait très tôt le choix de s'engager dans la voie des énergies renouvelables. Le Danemark et Copenhague, dès la fin des années 1970, ont investi par exemple dans les éoliennes, le bois, la géothermie, n'hésitant pas à développer des centrales de cogénération qui remplacent progressivement les combustibles fossiles par des combustibles plus neutres en carbone tels le biogaz, la paille, le bois, les granulés, les déchets renouvelables.

La France n'est pas le Danemark, ni géographiquement, ni économiquement, ni dans sa stratégie énergétique. Mais je pense que la crise ukrainienne doit nous pousser à nous obliger à innover et à diversifier nos ressources énergétiques plutôt que de remettre les hydrocarbures sur le devant de la scène.

C'est le cas dans des communes populaires comme Grigny où le maire, Philippe Rio, a décidé avec la population de construire sa feuille de route pour une transition énergétique juste et de se tourner vers la géothermie. La démarche est concertée et se veut réaliste, s'appuyant sur le mieux-disant environnemental et social. En effet, cette solution conduit à une diminution des effets de gaz à effet de serre de 75% et à une baisse de la facture énergétique de 25%.

Toutes ces actions, me semble-t-il, donnent du sens à la manière dont pourrait se construire le droit inaliénable des locataires à l'écologie.

Rénover plutôt que construire

Le parc de logements HLM a vieilli. Trop souvent, la solution proposée par les ANRU est de faire table rase des quartiers populaires : démolir une partie du parc social pour souvent en mettre une autre partie à la vente...

Un exemple me vient tout de suite en tête pour illustrer mes propos. Début 2022, les habitants du quartier du Mirail à Toulouse se sont mobilisés pour faire obstacle à la destruction d'immeubles, programmée dans le plan de rénovation urbaine. La CNL 31 a été partie prenante de ce mouvement avec les militants du quartier qui ont effectué un travail d'information et d'éducation populaire formidable.

Pour justifier les démolitions programmées, les collectivités dont la mairie de Toulouse ont parlé de dynamisation du quartier par de nouvelles constructions, favorisant l'arrivée de nouvelles populations. Elles ont même prétexté du besoin de renforcer la mixité sociale. La réalité est malheureusement moins généreuse : l'opération vise plutôt à transformer radicalement un quartier jugé trop populaire en y introduisant quelques résidences privées plus lucratives. Et tant pis pour les populations qui ont grandi et passé leur vie ici ; elles ne sont d'ailleurs pas consultées.

Les locataires l'ont parfaitement compris. Mais la nouveauté vient du fait qu'ils ont été rejoints dans leur mouvement par un collectif d'architectes toulousains. Pour ces derniers, les bâtiments conçus dans les années 1960 par l'architecte Jacques Candélis, ancien collaborateur de Le Corbusier, constituent un patrimoine à préserver et moderniser. À l'époque, ces HLM avaient su associer une dimension sociale et écologique en intégrant l'accès à des espaces verts ainsi qu'au lac de la Reynerie et la présence de services de proximité, d'une école. Les bâtiments avaient même été travaillés de manière à accueillir la lumière du soleil.

Avec ces nouveaux soutiens entrés dans la danse, la résistance a pris de l'ampleur. La critique s'est portée sur l'absence totale de concertation de la part des promoteurs du projet ainsi que le caractère autoritaire de sa mise en place notamment vis-à-vis des locataires qui doivent partir. L'expertise des pouvoirs publics a été contestée sur le plan économique comme écologique. En effet, la destruction d'HLM s'avère plus onéreuse que la rénovation et l'amélioration de l'habitat, avec en plus un bilan carbone bien plus élevé.

La lutte n'a pas permis de faire reculer la mairie de Toulouse. Pourtant les arguments avancés par les opposants au projet de démolition ont marqué les esprits. Rien d'étonnant à cela : ils vont dans le sens de l'intérêt général.

Ce cas conduit à réfléchir à des modes de construction, de rénovation et d'emménagement des HLM qui limitent la consommation et le gaspillage des ressources et des déchets. En juillet dernier, face à l'urgence climatique, l'économiste Maxime Combes, membre de l'Observatoire des multinationales, soumettait aux parlementaires la proposition d'instaurer par la loi une obligation pour les propriétaires des bâtiments résidentiels comme professionnels de réaliser les travaux d'isolation, s'accompagnant d'aides de l'État prenant en charge la totalité des travaux.

La démarche est évidemment nécessaire. En outre, il devient indispensable d'associer les habitants aux transformations de leurs logements et de leur environnement.

Reconstruire l'espace public avec les habitants

En matière écologique comme en tout domaine les habitants doivent exiger d'être concertés. Ils sont les meilleurs experts du quotidien. C'est d'ailleurs à partir des attentes du terrain, des besoins qui revenaient sans cesse ou émergeants que nous avons approfondi nos propositions en matière environnementale. Par exemple en exigeant l'installation des bornes électriques dans les ensembles immobiliers et les espaces publics pour rester connectés ou encore par la mise en place d'antennes 4/5G mais pas sur les toits de nos immeubles…

Cela nous a aussi obligés à reconsidérer les espaces publics pour y intégrer la demande de lieux d'échanges et de mise en commun, par exemple par le développement de jardins partagés ou en extérieur, par l'éclairage des parcs pour sécuriser les femmes, les enfants ou les personnes âgées, par la mise en place de toilettes publiques ou par l'élargissement des trottoirs pour faciliter le passage des poussettes ou de fauteuils roulants…

Plus largement, les besoins des habitants doivent déterminer le redéploiement des services publics à l'échelle des quartiers. Je pense bien sûr à l'école, la santé, la sécurité, l'entretien des espaces verts, la prise en charge de la petite enfance comme des personnes âgées. Sans eux il n'y a pas d'égalité et de développement durable possibles. De plus, ils participent de la revitalisation du territoire et à l'installation de commerces de proximité qui vont à leur tour générer du lien social et de l'activité économique par la création d'emplois.

Je ne reviendrai pas sur la question de l'énergie que j'ai largement traitée, mais prenons la gestion des déchets qui impacte aussi quotidiennement les ménages.

Quelque chose m'agace profondément sur le sujet, c'est la multiplicité des cas et des consignes qui, d'un endroit à l'autre, diffèrent totalement. Agaçant et surtout contreproductif. Imaginez qu'entre Lille où je vis, et Dunkerque à 80 km de distance où j'ai ma famille, le tri ne s'effectue pas de la même manière. Du coup, j'en arrive à me tromper… Pire encore dans la communauté du dunkerquois, des expérimentations sont en cours et les méthodes de tri sont parfois différentes d'une ville à une autre. Pourquoi donc ne pas avoir un seul mode de tri des déchets sur le territoire français et même européen ? Les objectifs seraient les mêmes en matière de prévention, de réutilisation, de recyclage, de valorisation, d'élimination posant en fin de compte la nécessité de fabriquer des objets qui durent. Se poserait alors très vite le besoin de s'affranchir des règles du marché, considérant que cette question relève du bien commun. C'est pourquoi je milite pour la fin des délégations de service public pour une gestion 100% publique de prévention et de gestion des déchets domestiques et industriels.

Il en va de même pour l'eau et l'assainissement afin de garantir à tous le droit fondamental de boire de l'eau de qualité, de pouvoir avoir la main sur les coupures et assurer la gratuité des premiers mètres cubes. La CNL a commencé à s'impliquer très fortement dans cette lutte avec l'organisation d'une grande campagne de mobilisation en 2020.

Je pense aussi aux transports collectifs, sésame pour lutter contre le cloisonnement et l'enfermement des quartiers, aller chercher une formation ou un travail, se reconnecter avec les centres-villes... J'ai vu Dunkerque et les 17 communes de son agglomération adopter la gratuité des transports en commun (financée essentiellement par le versement transport des entreprises), investir sur des bus au gaz, développer un réseau accessible pour toutes et tous. La mesure est une réussite et a largement fait évoluer la ville : la fin des compostages et de la lutte anti-fraudeurs a modifié les codes, apaisé les échanges, de nouveaux publics se croisent… sans omettre les effets sur le bilan carbone et le pouvoir d'achat des familles.

Je veux encore évoquer la question de l'alimentation et de l'égalité d'accès à de la nourriture de qualité. Je suis amené à côtoyer des foyers confrontés aux privations et à la faim. Je sais ce que c'est. Je les ai vécues moi-même enfant, avenue Kleber. J'en garde des souvenirs très précis. Ma mère comptait régulièrement la monnaie qu'elle avait dans son porte-monnaie. Un jour il ne restait plus que de quoi acheter une demi-baguette et une boîte de sardines pour notre déjeuner de midi… Je l'ai également vue lors du passage du marchand de charbon qui s'annonçait en soufflant dans une petite trompette, lui expliquer qu'elle ne prendrait qu'un sac de charbon contre la dizaine habituelle. L'homme était interloqué mais a dû vite comprendre. Je n'étais pas malheureux mais conscient de l'obligation de faire attention à la dépense. C'était ainsi… J'ai appris par expérience que celles et ceux qui se rendent dans les associations d'aide alimentaire ne sont qu'une partie de ceux qui ont faim. Beaucoup n'osent pas y aller. Essentiellement par peur ou honte d'être vus, comme si être pauvre constituait un crime…

Pendant la pandémie de 2020, on chiffre à 7 à 8 millions de Français – et parmi eux une part importante de jeunes et d'étudiants – ceux qui dépendent des denrées de la banque alimentaire pour se nourrir. En réalité ils étaient bien plus nombreux. Combien de plus l'inflation va-t-elle pousser vers ces dispositifs d'urgence issus de la solidarité ?

L'autre problème est que ces aides alimentaires reposent sur un vaste système de défiscalisation pouvant encourager la surproduction, l'agrobusiness et la malbouffe. Pour certaines grandes surfaces, elles constituent même un débouché lucratif pour denrées inutilisables.

C'est pourquoi il devient indispensable de travailler à l'échelle des territoires pour maintenir ou promouvoir l'agriculture locale et les agriculteurs en favorisant des « circuits courts ». Cela pourrait s'organiser sous la forme d'une service public local de l'alimentation durable qui permettrait à tous d'avoir accès à des denrées de qualité. La CNL propose de commencer à l'échelle des communes par la mise en place dans les cantines scolaires de repas gratuits ou à prix abordables, « 100% bio, locaux ou saisonniers ».

Conquérir le droit pour tous à une ville durable et inclusive

Je finis volontairement ce chapitre en évoquant la mixité sociale. Car ne le cachons pas, pour de nombreux élus, elle ne va de soi. Pas tant parce qu'ils adhérent aux propos racistes et anti-pauvres d'un Eric Zemmour ou d'une Marine Le Pen, mais parce que faire vivre vraiment ce mélange social est difficile et demande des arbitrages politiques qui parfois peuvent être impopulaires.

La ville du futur nous dit-on doit avoir fait sa révolution numérique, être sécurisée et sous surveillance continue pour prévenir tout risque et bien sûr elle se veut écologique. Des objectifs que certains élus considèrent comme incompatibles avec la présence d'HLM. Un peu comme si la mixité sociale était l'ennemie de la ville durable !

Je pense au contraire que l'espace public doit favoriser les rencontres et le brassage de publics divers ; que la convergence de personnes issues de milieux différents, d'origines différentes et d'expériences de vie diverses est la manière la plus simple de fabriquer du commun et donc de préserver les équilibres écologiques.

À l'occasion de la campagne présidentielle et législative, j'ai remis en avant la proposition de la CNL d'instaurer un permis à points allant jusqu'à l'inéligibilité des maires qui ne respectent pas la loi SRU. J'ai conscience de la radicalité de la mesure. Je l'assume, car celles et ceux qui préfèrent payer une amende que de construire des logements HLM font clairement sécession avec les principes d'une République sociale et écologique.

Chapitre 8

Imposer la démocratie dans les HLM

Quand je présente la CNL, je commence toujours par dire que sa création doit beaucoup aux femmes.

Bien sûr je pourrais parler de ses origines dans la Commune de Paris, la Révolution industrielle et les fortes migrations de populations qui ont posé l'urgence de légiférer sur les conditions de salubrité ; je pourrais encore évoquer la loi de 1912 qui met en place des offices publics communaux et départementaux d'habitations à bon marché et a permis de voir émerger l'Union fédérale des locataires.

Je préfère évoquer 1916, ce moment particulier où les hommes sont partis au front, et qu'à l'arrière du conflit, les femmes deviennent les gardiennes des foyers et font tourner l'économie du pays. Le quotidien est difficile, très difficile, souvent teinté de l'angoisse du lendemain. Pour ces femmes, la question des loyers devient une urgence comme nous le vivons aujourd'hui avec l'hyperinflation. Le besoin de s'organiser s'impose alors et elles mettent toute leur détermination à faire s'unir les différents groupements de locataires pour faire front commun et pousser le gouvernement à promulguer un moratoire sur les loyers. En mars 1918, c'est chose faite pour les Français détenteurs d'un bail antérieur au 1er août 1914. Autant dire la quasi-totalité de la population.

Au fils des décennies, le combat évolue, prenant en compte des revendications qui elles-mêmes évoluent : la fin des paiements d'avance, la prise en compte de l'hygiène puis l'exigence de bien-être dans son logement. Progressivement, le logement n'est plus une fin en soi, on apprend à considérer les habitants dans leur environnement. En 1973, la CNL prend son nom actuel et se fixe trois axes majeurs d'intervention : la participation des habitants à tout processus de décision concernant le logement social, la qualité de la vie, et bien sûr le droit au logement. En 1980, l'association est agréée « association de consommateurs », militant pour la préservation du pouvoir d'achat des ménages et l'amélioration de leur quotidien. Enfin, peu après avoir été élu président national dans les années 2015, je constitue le dossier pour qu'elle soit également labellisée « jeunesse et sport » et acquière une fonction d'éducation populaire. La requête est acceptée.

Aujourd'hui, regardant ce chemin parcouru, j'ai conscience des efforts déployés par le mouvement locataire pour se renouveler. Mais je suis tout aussi convaincu qu'il va nous falloir toujours plus innover. Le logement a changé, les locataires également que ce soient, dans leurs attentes vis-à-vis de leur habitat, dans leur rapport aux autres et à leur environnement. Face à la fragilité de la vie, avoir un toit protège. Mais l'austérité à haute dose fragilise le militantisme, met à mal une forme d'engagement qui s'inscrit dans la durée. La précarité rend difficile le dialogue. Elle isole, sème de l'individualisme et du repli. Beaucoup de locataires pensent encore que s'ils se mettent à se plaindre ou à revendiquer alors ils pourront perdre le bénéfice de leur logement. Du coup on lutte comme on consomme : ponctuellement quand cela devient indispensable !

Les modes de mobilisation ont eux aussi changé. Internet et les réseaux sociaux ont bouleversé la manière de s'organiser. Deux confinements et la pandémie nous ont forcés à nous engager dans cette voie. Nous avons appris à diffuser nos informations, à faire connaître les droits de l'habitant, à mener des batailles sur des supports numériques : je pense en particulier à la Journée mondiale de l'habitat d'octobre 2021 construite autour de deux forums en ligne et médiatisée via un partenariat avec les médias en ligne, Blast et Regards. Suivie par plus de 8000 personnes, elle a constitué un succès d'audience pour notre organisation et permis d'initier un modèle que nous avons ensuite développé lors du débat présidentiel avec des États généraux de l'habitat en ligne au cours desquels l'association a interpelé les candidats en lice et confronté publiquement les attentes des locataires et des consommateurs aux propositions avancées dans leurs programmes.

Ce sont mes amis de la CNL de la Réunion qui ont su faire preuve de la plus grande créativité en lançant en février 2022 la première application permettant aux locataires de procéder en ligne à leur déclaration de logement indigne. J'en profite pour leur dire toute mon amitié et ma solidarité. Leur démarche n'a pas constitué qu'une invention numérique. Dans une île minée par la pauvreté et où explose le mal-logement, cette initiative représente un atout certain pour les habitants.

Dès l'été 2022, avec la bataille pour le gel des loyers, nous couplons aussi un appel à l'adhésion, animé pour partie sur les réseaux sociaux avec l'objectif de faire réagir dans les plus brefs délais un maximum de locataires. Notre activité passe aussi par notre réactivité sur le terrain numérique.

Rendre le pouvoir aux habitants !

Souvent, dans mon entourage, il peut se dire que je vais trop vite et trop loin. Je peux apparaître comme trop audacieux sur les méthodes. J'en ai conscience mais je me dis aussi que le naturel de tous est de résister au changement. Il s'agit alors de s'obliger à aller de l'avant. Être habitant-militant c'est ne rien s'interdire comme moyen d'action pour être au plus près des préoccupations des ménages. Je viens de m'attarder sur l'importance d'être présents sur internet mais je n'oppose pas ce nouveau terrain de mobilisation à l'action de proximité dans les cages d'escalier ou sur les marchés. L'un et l'autre doivent se compléter, s'auto-alimenter. La proximité reste primordiale car la relation qu'elle permet de tisser reste unique. Quelle que soit par ailleurs la diversité de nos interventions : travail de nos élus dans les instances du logement et de la consommation ; diversification de notre activité jusqu'aux plans européen et international, notre légitimité se construit d'abord sur la relation que nous avons su tisser avec les habitants.

Cela ne nous exonère pas du besoin de redéfinir notre projet associatif. Dans mon esprit, cela inclut bien sûr « le cœur de l'activité » de la CNL : la défense du logement, le pouvoir d'achat et l'emploi, les transports. Toute grande association a une lecture globale de l'actualité, là où beaucoup ne voient que le point de détail qui peut affecter leur quotidien. Il ne s'agit pas d'arrêter de décrypter les décisions et les arbitrages concernant le logement, cela fait partie de notre travail d'éducation populaire. Cependant pour bien travailler, nous avons besoin de partir des préoccupations des ménages, de leur être utiles et donc de les écouter, d'être en mesure de leur proposer des terrains et des modes d'action qui leur parlent et leur conviennent.

À une autre époque, nous avons initié l'aide aux devoirs, nous pratiquons régulièrement le contrôle des charges. Il nous permet d'expliquer le monde HLM en définissant d'abord les sigles et les fonctions de chaque organisme qui souvent sont inconnus du grand public (bailleurs-Offices-ESH, EPL...), de familiariser à la pratique de la quittance, ses provisions et sa régularisation. Nous avons même par le passé mis en place « l'école des habitants. » Je l'ai moi-même mis en pratique dans le Nord. Nous demandions qu'on nous mette à disposition une salle, invitions les habitants et les informions sur toutes les questions qui pouvaient faciliter leur vie locative : droits et devoirs des locataires, contrat de location, bail, quittance, charges… La démarche mérite sans doute d'être réactualisée pour mieux coller aux attentes d'aujourd'hui, je reste persuadé que ce concept d'école des habitants est à redévelopper.

Ces dernières années sous la houlette de Colette Bury, une militante « historique » de la CNL d'une rigueur et une modernité incroyables, nous sommes devenus une organisation de consommateurs qui sait travailler dans les quartiers. Je tiens à la remercier pour son apport. Là encore nous avons appris à informer, à alerter parfois sur des sujets aussi actuels que les pesticides et sur l'étiquetage des produits ménagers ou récemment sur la dématérialisation des tickets de caisse.

Sans doute avons-nous aussi à inventer d'autres entrées militantes à la CNL par exemple en investissant plus fortement le terrain de l'écologie, du féminisme, de la lutte contre les droits de la personne humaine, la démocratie. À mes yeux les combats sociaux et sociétaux n'ont pas à être opposés : ils sont intimement liés comme le sont les droits individuels et collectifs. Confrontés à l'inflation et la cherté de la vie, pourquoi pas se lancer dans l'organisation de soupes de légumes par exemple ? En faire des moments de solidarité et de rencontres ? Cela ne nous empêchera pas de nous battre contre la hausse des loyers et des charges, au contraire cela fait le lien entre l'action et la revendication.

La nécessité d'être encore plus présents sur le terrain de la lutte contre les discriminations fait partie de nos échanges réguliers dans nos instances. Des testing sont déjà organisés par des assos anti-racistes ou des collectifs LGBTQ+. Les familles confrontées à la question du handicap tirent aussi la sonnette d'alarme. C'est une question sur laquelle la CNL a décidé d'intervenir.

« Faire entendre la voix des habitants » écrivons-nous sur nos affiches et nos tracts. On ne peut pas esquiver cette question, et l'une des clés pour l'aborder est de redonner du sens à l'action collective en imposant l'habitant dans la chaîne des décisions.

Commençons par la représentation des locataires dans les conseils d'administration ou de surveillance des organismes de logement social. Elle est une victoire, il est important de le répéter car il a fallu se mobiliser pendant des décennies pour obtenir cette avancée démocratique pour les habitants. Le pouvoir ces dernières années a d'ailleurs tenté de délégitimer cet acquis, notamment en renvoyant aux faibles chiffres de participation aux élections de locataires. Il ferait mieux de balayer devant sa porte et de donner aux associations, les moyens de peser plus fortement sur les choix de gestion des organismes. C'est pourquoi la CNL propose que le nombre d'élus des locataires soit rehaussé à 1/3 de la composition des conseils d'administion et des conseils de surveillance avec la possibilité de faire valoir un droit de veto suspensif sur les décisions stratégiques des organismes (cessions, réhabilitations, changements juridiques du statut de l'organisme, hausses de loyers). Bien sûr que cela signifierait un bouleversement important. Mais contrairement à ce que croient certains bailleurs, cela ne paralyserait pas l'activité de l'organisme mais au contraire, offrirait la possibilité de présenter une contre-expertise et de faire valoir d'autres propositions qui parfois peuvent s'avérer plus performantes d'un point de vue social, économique et écologique que celles d'abord avancées.

La démocratie intègre la représentation des locataires mais elle ne s'arrête évidemment pas là. Elle se construit d'abord au quotidien. C'est même là l'essentiel. Nous militons pour la mise à disposition gratuite des salles pour les réunions d'habitants et le développement de la création de locaux collectifs résidentiels. En réalité, l'essentiel est de se retrouver, et ensemble d'être capables de peser et d'imposer notre propre agenda dans la vie du quartier.

Le pari des jeunes

En juillet 2021 a été créée la « CNL jeunes ». C'était une décision de congrès que nous mettions en place. La volonté était ancienne, le COVID nous a fait mesurer la nécessité de ne pas attendre plus longtemps pour leur tendre la main. Nous avons été interpellés, saisis même sur le sujet pendant le premier confinement, par des parents démunis qui n'avaient plus les moyens de prendre en charge leurs enfants, par les jeunes eux-mêmes et particulièrement par les étudiants qui se sont retrouvés dans l'impossibilité d'assurer leurs jobs. 62% de jeunes en études sont en difficulté pour s'alimenter, 69% dans l'incapacité de payer leur loyer. Quant aux structures du CROUS elles sont trop peu nombreuses pour répondre à tous les besoins et souvent sont indignes dans les réponses qu'elles apportent.

Je pense en particulier aux cités U. En 1982, quand j'ai pu obtenir une place en résidence universitaire à Valenciennes, cela a constitué une chance pour moi. Les bâtiments étaient neufs. Ensuite, quand j'ai poursuivi mon parcours d'étude à Lille, j'ai découvert une toute autre réalité : une chambre vétuste, anormalement exiguë, des sanitaires en commun. Certes, à l'époque les cafards et les punaises de lit n'y avaient pas encore élu domicile. Quarante ans après, on n'est pas sorti de cet état des lieux et c'est tout simplement insupportable car il nous renvoie la photographie d'un pays incapable de garantir les droits fondamentaux de sa jeunesse et donc de lui passer le bâton de relais.

Le constat est malheureusement plus indigne encore, puisque la moitié des personnes pauvres en France a moins de trente ans, vivant avec un niveau de vie inférieur à 1063 euros par mois. Cela concerne 21% des moins de18 ans et quasiment 20 % des 18/29 ans.

Les conséquences ne sont pas que matérielles, c'est leur rapport tout entier à la vie et leur regard sur l'avenir qui a été bouleversé. Les enquêtes d'opinion parlent d'un sentiment d'abandon pesant très lourdement, l'impression d'avoir été sacrifiés. L'écologie et le sort réservé à la planète sont bien sûr omniprésents. Ces constats, je les vis dans les discussions que je peux avoir.

Ils renvoient à la faillite des politiques publiques, des institutions aussi, à se demander qui gère la boutique... Ils font obligation non seulement de dépoussiérer mais de transformer en profondeur nos modes de fonctionnement. J'ai bien sûr conscience des limites objectives d'une association de locataires, du fait que la CNL à elle seule n'a pas les moyens de changer radicalement les choses, mais il est important que nous sachions accepter la part du travail qui nous revient. Par exemple pour tendre la main aux étudiants pour obtenir avec eux la remise à plat de l'aide sociale. Je viens de parler des cités U, la mise en place des repas à 1 euro montre également l'incapacité totale du système à répondre à la paupérisation grandissante de cette partie de la jeunesse que pendant tellement longtemps on a considéré comme privilégiée. Il s'agit d'aider toute cette classe d'âge à s'organiser afin d'accéder rapidement à un logement pour acquérir son indépendance. Et quand 12% de ces jeunes estiment avoir été victimes de discriminations, de racisme ou de sexisme notamment dans la recherche d'un logement, là encore nous pouvons aider.

La « CNL jeunes » commence à se développer. Sous l'impulsion de son président, Esteban Evrard, l'accent a été mis à la lutte contre les passoires thermiques qui pour 36% concernent des logements de petites surfaces (moins de 30 m^2) très souvent occupés par de jeunes couples. Elle met aussi évidemment l'accent sur le renforcement des aides au logement des jeunes et des étudiants, porte l'urgence de mettre en place une allocation d'autonomie et de faire vivre une vraie mixité sociale dans les HLM.

Même avec ces batailles, nous ne sommes pas quitte d'un travail en direction des jeunes, avec eux, à leurs côtés. Dans beaucoup trop de logements sociaux, ils sont considérés comme des problèmes, attisent la peur alors qu'ils sont la solution. Connectés avec le monde d'aujourd'hui, Les jeunes sont au cœur du combat qui s'y joue contre l'exclusion car ils en sont les premières victimes. Si leur manière de fonctionner peut nous interpeler, en déranger même, elle nous donne des indicatifs, atteste du besoin de décloisonner le militantisme locataire, savoir lier le logement aux autres grandes questions de société : l'école, l'emploi, l'écologie, la culture, le combat pour l'égalité de droits… Ils nous mettent au pied du mur quant à notre capacité à savoir évoluer et à nous transformer pour mieux agir ensemble sur ces terrains d'action.

Femmes je vous aime

Toute l'histoire de la CNL témoigne de la force de l'engagement des femmes. Pourtant jusqu'à aujourd'hui aucune d'elle n'a été élue présidente et si elles sont majoritaires dans la confédération, la parité n'est pourtant pas atteinte dans nos instances. Mes propos ne visent à incriminer ou à culpabiliser personne. Ils cherchent juste à comprendre : ce que nous n'avons pas su faire, ce qui est imputable à la société tout entière, ce que la pandémie et la crise sanitaire ont généré de replis individuels... Mais tout autant que les jeunes, les femmes constituent une des clés de la mobilisation des locataires.

Elles sont majoritaires parmi les 11 millions de locataires de logement social. À plus de 60 % elles vivent seules ou sont mono-parentes. Elles se retrouvent souvent fragilisées, parfois victimes de violences ou de discriminations. Je pense évidemment à celles qui subissent le racisme ordinaire particulièrement quand on vient d'Afrique ou des pays du Maghreb, mais pas que… Le fait d'élever seule ses enfants expose aux remarques et jugements d'autrui, à des a priori qui rajoutent de la pression sociale au sentiment de culpabilité qui est déjà le lot des mamans seules. C'est pourtant elles qui gèrent le budget du foyer et le font vivre, qui organisent la solidarité du quartier. Je l'ai vécu moi-même enfant. Je connais le courage d'une mère et la force qui est la sienne : sa capacité à créer du lien pour faire communauté et vivre ensemble, à se mobiliser pour obtenir le meilleur pour leurs petits jusqu'à savoir faire front quand il s'agit de protéger leur famille quand les cités sont confrontées à la violence, aux trafics…

Je découvre depuis quelques mois des amicales CNL qui reprennent des couleurs grâce à l'implication de femmes, extrêmement diverses d'ailleurs par leurs âges, leurs parcours, leurs sensibilités… Dans les Alpes-Maritimes un quarteron de jeunes retraitées a décidé au début de l'été de refonder une fédération. Elles ont organisé une réunion en allant rechercher les anciens militants locataires du département puis ont constitué un bureau dont la première décision prise a été d'assurer une permanence de la CNL dans le centre-ville de Nice. Un sacré panache ! Autre exemple, à Fleury-Mérogis, une amicale s'est reconstituée avec un bureau de cinq femmes sur six membres dont plusieurs jeunes mamans solos. La rencontre est née de la nécessité de rompre l'isolement et d'agir ensemble face aux bailleurs, du besoin d'entraide également car toutes n'avaient pas la même facilité d'accès à internet et à son utilisation. Elles ont obtenu un local au pied du HLM et leur activité se structure à partir des discussions qu'elles ont avec les mamans du quartier. C'est ainsi que parmi leurs premières initiatives, elles ont mis en place une journée d'initiation au self-défense. En quelques mois le nombre d'adhérents de l'asso a été multiplié par deux.

Il n'y a pas de standard en matière de mobilisation ou de militantisme mais je suis convaincu que la chance de la CNL est d'être restée coûte que coûte dans les quartiers populaires auprès des habitants. Combien d'organisations, sociales ou politiques peuvent encore se prévaloir de cette force ?

Cela me persuade que la mise en mouvement des habitants et le militantisme locataire ont un avenir. Ils constituent même un combat déterminant contre le déclassement, la régression sociale et démocratique qui font le lit de l'extrême-droite.

J'achève l'écriture de ce livre alors que nous entrons dans l'année 2023 qui risque fort d'être destructrice pour nombre de ménages et de foyers. S'il est un message que j'ai voulu faire passer au fil des pages, c'est celui d'un appel à ce que les habitants se mobilisent et fassent corps contre la casse du logement social.

Il ne s'agit pas pour moi de préserver les HLM d'antan, ni de mener la bataille HLM comme par le passé, chacun l'a bien compris. Cependant, ce serait une erreur que d'abandonner le combat pour le logement abordable et de qualité car il est la première des protections contre l'inflation, contre la vie chère. Bien souvent il s'avère encore le meilleur sésame pour s'ouvrir aux autres et faire société. Dans son esprit originel, il est un bien commun qu'il nous faut préserver à tout prix.

J'ai tenté dans cet essai de faire œuvre d'éducation populaire : de fournir des éléments d'explication des politiques à l'œuvre, de revenir sur des lois et des mécanismes qui, ces derrières décennies, ont fissuré et « marchandisé » le secteur, remis en cause les principes de mixité sociale, transformé le locataire en un « client » des HLM. J'ai dit avec mes mots tout le mal que je pensais de la loi Barre, de la loi Boutin et plus récemment de la loi ELAN qui ont lourdement contribué à ghettoïser le logement social et à stigmatiser ses habitants. Je pense qu'il ne faut pas banaliser de tels textes et les politiques qui en sont issues : ils contribuent à cloisonner notre société, à reconstruire des privilèges pour en exclure les plus fragiles. Il faut combattre ces lois jusqu'à leur retrait.

Le logement social a une fonction de protection que je viens d'évoquer. Cela ne doit pas en faire le modèle d'habitat d'une seule partie de la société, à savoir les plus démunis. À force de faire de l'accès à la propriété une sorte de Graal, nos gouvernants ont fini par faire croire aux Français que dans l'échelle sociale, habiter un logement collectif voire une HLM n'était qu'un moment transitoire avant que de pouvoir s'endetter pour acheter. Pourquoi en serait-il ainsi ? On peut vivre et mourir en logement social avec une vraie qualité de vie. Dans les pays nordiques, en particulier la Suède, 80% des habitants sont locataires. Pourtant, jusqu'à preuve du contraire leur modèle social est tout aussi développé que le nôtre et ils n'ont rien à nous envier non plus en matière de créativité et de modernité !

Je suis un fils d'HLM. Également un militant du progrès social, sociétal et écologique, de l'égalité des chances. C'est ce qui m'a fait rejoindre la CNL. Pour moi, cette organisation a constitué et reste une école de citoyenneté et de vie formidable parce qu'on y croise des personnes plus soucieuses du bien commun que de leur égo et intérêts personnels, des bâtisseurs du quotidien qui contribuent à leur échelle à rendre les quartiers plus justes, plus humains, plus soucieux de leur environnement et sont là, même quand les services publics eux, se sont retirés ou ont été supprimés.

La lutte des habitants est un vieux combat, mais qui n'a jamais été aussi actuel car ce sont les habitants des quartiers populaires qui sont en train de dessiner l'avenir de nos villes et de notre pays.

Avec ce livre j'ai voulu leur tendre la main et leur faire comprendre combien ils étaient indispensables aux luttes que nous allons mener ; combien nous avons besoin d'eux pour gagner.

Témoignages

Il sont acteurs du logement social, élus,
responsables associatifs ou d'organismes sociaux
et connaissent Eddie Jacquemart.

Martine Aubry, Emmanuelle Cosse,
Serge Incerti -Formenti et Robert Pillon témoignent.

Martine Aubry

Maire de Lille

Eddie Jacquemart est un homme d'engagement. C'est son ADN. Infatigable militant du mouvement HLM, il a suivi un chemin qui l'a conduit jusqu'à l'exercice de responsabilités nationales.

Il est aussi un homme de valeurs. Je les partage avec lui. Celles de la justice sociale, de l'égalité des chances, de la lutte contre toutes les formes de discriminations. Elles ont jalonné son parcours associatif et politique.

C'est pour ces raisons que je lui ai proposé de rejoindre l'équipe que je conduisais pour les élections municipales de Lille en 2020.

Nous avons fait campagne ensemble, sur le terrain, et j'ai découvert durant ces moments forts, un homme généreux et ouvert aux autres. J'ai apprécié tout particulièrement les échanges que nous avons eus avec les Lillois lors de nos sorties dans les quartiers, sa très grande connaissance des sujets qui concernent le quotidien des habitants d'une ville : le logement, l'accompagnement social, l'éducation. Très naturellement, après les élections, je lui ai proposé de s'investir dans l'éducation populaire et à l'accès aux vacances et loisirs, un thème qui jusqu'alors n'avait pas fait l'objet d'une délégation spécifique au sein du conseil municipal.

Depuis, nous menons de front le même combat pour que Lille soit une ville inclusive, qui accueille et loge dignement toutes les personnes qui souhaitent y vivre. C'est à cette fin que nous avons pris des mesures fortes, comme le rétablissement de l'encadrement des loyers privés et que nous poursuivons la répartition des logements locatifs sociaux de manière à en garantir l'équilibre entre les quartiers.

Nous avons à cœur bien sûr, de continuer à construire des logements sociaux et l'accession sociale à la propriété, d'offrir des modes d'habitat innovants et diversifiés : logements partagés adaptés aux jeunes actifs et aux seniors, habitat intergénérationnel, avec des services et des espaces communs… Autant de solutions qui permettent de proposer une offre de qualité largement accessible à ceux qui en ont besoin.

Et puis, Eddie Jacquemart est très attaché à l'égalité des chances et se bat pour que cela ne soit pas un vain slogan. C'est ce qui se traduit notamment dans sa délégation avec le développement du plan anglais à Lille, qui permettra à tous les enfants de pouvoir bénéficier des mêmes chances d'apprentissage de la langue. Il contribue également à développer l'offre de loisirs en direction des plus jeunes, tout en leur donnant la possibilité d'acquérir de nouvelles connaissances, comme avec les vacances apprenantes, qui contribuent à élargir l'horizon de nos jeunes Lillois.

Avec ce livre, vous découvrirez l'itinéraire d'un enfant qui a grandi dans une cité, un « fils d'HLM » comme il le dit lui-même, qui se sera forgé, au fil des expériences vécues et des rencontres, des convictions, des valeurs fortes, un idéal aussi, qui ne restent pas de vains mots, mais auxquels il aura consacré toute son action militante. Un exemple à suivre, assurément.

Emmanuelle Cosse

Présidente de l'Union sociale pour l'habitat

Le dialogue avec les représentants des locataires est évidemment important. Il peut y avoir des divergences d'analyse, qu'on se dise des choses qui fâchent, que nos relations se tendent mais en définitive, tout cela participe d'un fonctionnement démocratique qui m'apparait essentiel.

Grâce aux locataires, le bailleur n'est pas seul. Il trouve face à lui des interlocuteurs conscients des enjeux du logement social et qui cherchent à faire valoir leur propre expertise.

Dans les quartiers sont cristallisées l'ensemble des questions sociales à commencer par le chômage et la faiblesse de revenus. On y rencontre aussi les trafics, la violence, le communautarisme qui gangrènent les rapports sociaux. La présence d'associations de locataires participe à faire évoluer le climat et permet de maintenir le débat avec les habitants quand bien même ce soit pour « se faire engueuler. » Tant mieux s'ils nous interpellent sur les sujets qui les inquiètent, cela fait avancer de multiples débats sur les loyers, les factures énergétiques, les questions de rénovation ou d'emménagement local… Et cela nous oblige à agir.

Sous le premier quinquennat Macron, le marché du logement a été soumis à une très forte offensive libérale. Le patrimoine a connu une augmentation sans précédent, de +50%. Avant on trouvait du logement abordable dans le privé, aujourd'hui le seul logement abordable demeure le logement social. Face à un tel mouvement, il est important que les représentants des locataires aient une vision « politique » du logement social, qu'ils ne le défendent pas seulement parce qu'ils y vivent mais également parce qu'ils sont des militants du logement pour tous.

Eddie Jacquemart possède une culture de l'action politique et publique des locataires comme d'ailleurs il existe aussi une culture des propriétaires. J'ai appris à le connaitre au fil de nos rencontres, d'abord comme ministre, puis comme Présidente de l'USH. Il revendique, tonne, défend ses positions. Mais il écoute aussi, même en temps de désaccords. J'ai toujours trouvé cela très appréciable car cela donne du sens à nos échanges.

Eddie a été aux avants postes de la mobilisation à des moments où il était vital que bailleurs et locataires agissent ensemble. Je garde en mémoire notre mobilisation en 2017 contre le dispositif de réduction du loyer de solidarité (RLS) qui a conduit à une ponction des revenus des bailleurs sociaux ou plus récemment, début 2022 pour réagir face aux propos ineptes d'Éric Zemmour sur le monde HLM. À mes yeux cette capacité à savoir agir afin qu'on se retrouve pour défendre le monde HLM est précieuse… Enfin Eddie est un républicain qui croit à une République qui protège et donne sa chance à tous. Que les locataires rappellent cette nécessaire justice, nous obligent nous bailleurs sociaux, à être plus exigeants envers nous-mêmes. Bref pouvoir compter dans son « entourage » des militants qui défendent quotidiennement le logement pour tous, c'est une chance pour nos bailleurs sociaux. Je suis très reconnaissante à Eddie pour son engagement constant.

Serge Incerti-Formentini

Président d'Honneur de la CNL,
Chevalier de la Légion d'Honneur

J'ai d'abord connu Eddie Jacquemart comme responsable de la CNL du Nord-Pas de Calais. C'est Jacquy Tiset, président de la Fédération, militant d'une grande culture, qui me l'a présenté. Il l'avait pris sous sa « protection » avec l'intention d'en faire son successeur sur le plan local. En 2000, il a proposé qu'il intègre la direction nationale de la CNL puis en 2009 qu'il représente la confédération sur le plan européen en participant au bureau de l'IUT. Sur ce dernier point nous échangions régulièrement.

À l'époque, je venais moi-même de succéder à Jean Pierre Giacomo à la présidence de la CNL. J'ai appris à connaître Eddie à l'occasion des réunions nationales et j'ai découvert un homme d'une accroche sympathique, original dans sa manière d'aborder l'action revendicative. Il participait à dynamiser l'intervention de la CNL. Nous nous sommes mis à travailler ensemble. Quand j'ai décidé pour des raisons personnelles de quitter mes responsabilités, il m'est apparu comme pouvant remplir ces fonctions. Pendant quelques mois, avant le congrès national, nous avons travaillé en binôme.

L'arrivée d'Eddie à la présidence de la CNL intervient à un moment où la libéralisation de l'économie conduit à la casse et la financiarisation de secteurs-clés du pays. Le logement social, question éminemment politique, vit un tournant dans son histoire. La loi Molle portée par Christine Boutin a déstructuré profondément le secteur, le quinquennat Hollande et plus encore l'élection d'Emmanuel Macron en 2017 et la loi ELAN vont finir de le mettre à mal.

Tandis que sont votées des lois attentatoires au code du travail (pour ne citer que la loi Travail-El Khomri), dans les cités et les résidences la pauvreté s'aggrave et la mixité sociale recule. Pris sous le coup des attaques perpétrées, l'action devient difficile notamment pour poser les vraies questions de fond. Par exemple, comment répondre à la demande sociale ? Ou comment garantir à tous la dignité de l'habitat ? On assiste dans notre pays dans des domaines tels que l'emploi, le logement, la santé à ce que la Grande-Bretagne a vécu sous le gouvernement Thatcher, à savoir une réduction drastique des services publics et des protections sociales. Ce mouvement se poursuit encore aujourd'hui, pour ne citer que la question énergétique où la sobriété que nous impose le pouvoir n'est rien d'autre qu'une longue cure forcée d'austérité.

Alors qu'Emmanuel Macron vient de mettre en place son conseil national de la Refondation cherchant à détourner le sens même de ce qu'ont été les grandes réformes de 1945, il m'apparaît primordial que la CNL continue à porter dans le débat public l'exigence d'un service public du logement. La CNL a toute sa place dans ces batailles. Le combat est plus que jamais d'actualité.

Robert Pilon

Coordonnateur de la Fédération des locataires d'habitation à loyer modique du Québec (FLHLMQ)

J'ai découvert Eddie Jacquemart en 2014 au congrès CNL de Grenoble. Il est toujours enrichissant de confronter sa propre expérience de militant du logement à celles conduites dans d'autres pays. J'ai trouvé en Eddie un homme ouvert, ayant le souci de dynamiser son association, très impliqué dans les démarches locales. Il m'a semblé intéressant qu'une organisation historique comme la CNL sache se doter de responsables affichant la volonté de faire évoluer les formes d'interventions et d'actions. À sa demande nous avons convenu d'un protocole entre nos deux fédérations.

J'étais particulièrement intéressé par le savoir faire de la CNL en matière d'éducation populaire et de campagnes de terrain. Eddie Jacquemart est venu au Québec nous parler des politiques du logement social en France. Il a également détaillé des batailles phare de son association expliquant comment les militants informaient les locataires sur leurs droits par exemple en leur apprenant à exercer un contrôle sur la régularisation annuelle des charges, où en les faisant s'exprimer sur la qualité des services associés au logement. Nous avons également échangé sur la place octroyée aux habitants dans la gestion des offices. Au Québec comme en France, existent des comités consultatifs des résidents. Nous militons pour en faire des lieux véritablement citoyens. Notre objectif est de permettre aux locataires de reprendre le pouvoir sur leur environnement.

Le Québec compte 63 000 logements HLM. Comme en France, nous agissons pour leur « abordabilité » du logement. La pression populaire a permis de maintenir un parc social contrairement à d'autres provinces du Canada où il a été totalement libéralisé et livré au privé.

En juillet dernier, Québec a annoncé la construction de 3000 logements sociaux et abordables par an d'ici cinq ans. C'est un engagement important, qui reste cependant à poursuivre pour répondre à la demande des 38 000 ménages en attente d'un logement social. Nous militons aussi pour la rénovation et le « verdissement » de nos HLM, un enjeu que nous identifions comme majeur.

Glossaire

Crédit photo @JeahThévenot

Congrès USH de Lyon (2022) Les représentants CNL
et Eddie Jacquemart face au ministre de la Ville et du logement, Olivier Klein.

ANAH : Agence nationale d'amélioration de l'habitat.

ANRU : Agence Nationale pour la Rénovation Urbaine.

APL : Aide personnalisée au logement.

CAC 40 : Cotation Assisté en Continu.
Permet de désigner les 40 premières entreprises les plus dynamiques cotées à la Bourse

Charte des promoteurs : Charte instaurée par certaines communes pour encadrer les prix du foncier.

CNC : Commission nationale de concertation.

CROUS : Centre régional des œuvres universitaires et scolaires.

ESH : Entreprise sociale pour l'habitat.

EPL : Entreprise publique locale.

FNAP : Fonds national des aides à la pierre.

HLM : Habitation à Loyer Modéré.

OPH : Office public de l'habitat.

OLS : Organisme de logement social.

PEEC : Participation des employeurs à l'effort de construction.

PLAI : Prêt locatif aidé d'intégration.

SLS : Supplément de loyer de solidarité dit « surloyer ».

Loi Alur : Loi pour l'accès au logement et un urbanisme rénové du 24 mars 2014.

Loi LEC : Loi relative à l'Egalité et à la Citoyenneté du 27 janvier 2017.

Loi MAPTAM : Loi de modernisation de l'action publique territoriale et d'affirmation des métropoles du 27 janvier 2014.

Loi MOLLE (dite loi Boutin) :
Loi de mobilisation pour le logement et la lutte contre l'exclusion adoptée le 25 mars 2009.

Loi NOTRe : Loi nouvelle organisation territoriale de la République du 07 août 2015.

Loi SRU : Loi relative à la solidarité et au renouvellement urbains du 13 décembre 2000.

Loi 3D : Loi relative à la différenciation, la décentralisation, la déconcentration et de simplification de l'action publique locale adoptée les 8 et 9 février 2022.

PLS : Les logements PLS, financés par le Prêt Locatif Social sont attribués aux candidats locataires ne pouvant prétendre aux locations HLM, mais ne disposant pas de revenus suffisants pour se loger dans le privé.

RLS : La Réduction du loyer de solidarité (RLS) a été instituée par la loi de finances de 2018 (art 126).

USH : Union sociale pour l'habitat.

ZAC : Zone d'aménagement concertée.

Remerciements

Campagne de la CNL (2017)

Ce texte n'aurait pas existé sans vous. Un grand merci :

Aux militantes et militants de la CNL que j'ai rencontrés depuis 1994. Ils m'ont permis d'acquérir mon expérience, font la richesse de notre activité sur le terrain comme dans les instances nationales.

Aux militants et militants de la FD 59, témoins de mes premiers pas dans la CNL, à Colette Bury qui a été l'animatrice de ma première formation CNL.

À Jacquy Tiset, Jean Pierre Staelens qui m'ont soutenu durant l'écriture de ce livre et par nos discussions l'ont alimenté.

À mes sœurs Edith et Edwige qui ont su raviver mes souvenirs d'enfance.

À Marie-Pierre Vieu qui m'a accompagné, pas à pas, dans l'écriture de cet essai et à Camille Naget qui a assuré patiemment sa relecture.

À Martine Aubry, Emmanuel Cosse, Serge Incerti Formentini et Robert Pillon, qui ont accepté de témoigner dans ces pages.

Au secrétariat confédéral de la CNL, présent au quotidien et à l'équipe du siège confédéral.

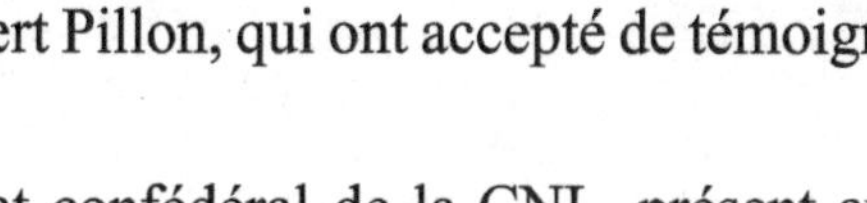

Table des matières

ISBN : 978-2-493049-15-5

Achevé d'imprimé sur les presses
de Sepec Numérique en octobre 2022
Dépôt légal : octobre 2022

Contact : info.arcane17@orange.fr

PEFC 10-31-3532 / Certifié PEFC / Ce produit est issu de forêts gérées durablement et de sources contrôlées. / pefc-france.org